U0085305

修訂四版

中國

通史

甘懷真　著

三民書局

國家圖書館出版品預行編目資料

中國通史／甘懷真著.－－修訂四版十一刷.－－
臺北市: 三民, 2019
　　面；　　公分
　　參考書目：面

　　ISBN 978–957–14–4068–2　（平裝）
　　1.中國—歷史

610　　　　　　　　　　　　　　　　　93010931

© 中 國 通 史

著 作 人	甘懷真
發 行 人	劉振強
著作財產權人	三民書局股份有限公司
發 行 所	三民書局股份有限公司
	地址　臺北市復興北路386號
	電話　(02)25006600
	郵撥帳號　0009998–5
門 市 部	（復北店）臺北市復興北路386號
	（重南店）臺北市重慶南路一段61號
出 版 日 期	初版一刷　1995年7月
	修訂四版一刷　2005年10月
	修訂四版十一刷　2019年10月
編 　 號	S 610180

行政院新聞局登記證局版臺業字第○二○○號

ISBN　978–957–14–4068–2　（平裝）

http://www.sanmin.com.tw　三民網路書店
※本書如有缺頁、破損或裝訂錯誤，請寄回本公司更換。

修訂四版序

　　昨晚與多位歷史所研究生共進晚餐，閒聊歷史學的教學與研究。席間，我興致勃勃的向這群研究生「宣教」，為他們「見證」歷史學如何是一門有趣的學科，如何受到歡迎。並為他們宣告，既然歷史如此受社會人士、學生喜愛，必然是一個龐大的產業，故史研所的學生將來一定大有前途。可是當場就有一位學生反駁我，說她之前在中學教書，學生幾乎都厭惡歷史課。瞬時，我啞口無言。

　　但我仍深信歷史是一門有趣的知識。歷史知識告訴我們，活生生的個人如何真實存在，與自己爭、與別人爭、與自然爭，如何創造了今天我們所存在的世界。這幾年來，我的這種信心更強。因為受文化史的影響，人生活的各層面都成為歷史學研究的對象，歷史課題可以不用再區分大題目與小題目，只要能細緻描述分析歷史的各面，都是重要的研究，於是歷史學愈來愈有趣。我想只要抗拒考試制度與二十世紀考證派史學的負作用，歷史學一定是有趣的學科，無論當你追求知識、經世濟民或純粹只是為了消遣。

　　以上這些話，也是要為本書推卸一點責任。如果你讀本書而興趣索然，問題在我，而不在歷史學。當然，本書也作為教科書，又必須遵守教育部的綱要，自也不能隨心所欲。但我盡可能使本書具可讀性，而不是作為你背誦的讀本。我希望藉由這本薄薄的教科書，告訴讀者中國史發展的大勢，而去思考我提出的問題，不管你是否贊成我所嘗試給的答案。若你因此覺得思考歷史問題是有趣的，那

我就成功了。

　　此時距本書初版問世已近十年了，仍堅守在史學崗位的我，十年中也有了新的學術視野與興趣。但作為修訂再版，仍只修訂了我覺得不妥之處，增加若干新的資料，而保留了全書的架構、課題與風格。我仍要再重申，我為全書的立論負文責，但作為教科書，我也信守言之有據，不自創新，不突出己見的原則。作為有限的個人，錯誤在所難免，何況歷史學日新月異，故我期待各方的指正。尤其是對「歷普」（歷史普及）有興趣的同道，願與你們一起在史學界努力。

　　最後，我再次將本書獻給家父秀軒公，謝謝老人家造就我對於中國史的興趣，及長期以來對我的支持與祝福。

甘懷真

2005 年立夏

於臺灣大學歷史學系研究室

修訂三版序

　　這部《中國通史》已出版近二年，如今修訂版也要問世了。修訂本除校訂書中魯魚亥豕之誤外，也遵從師友的建議，對若干細節作小幅調整，並增加註解與參考書目，以提供讀者進一步修習之資。

　　二年來，師友對本書的意見，我皆感銘在心。當初接下這分工作，是抱持著對於史學教育的熱忱。教科書不同於一般學術專著，必須包含以下幾項要素。首先，適合教學使用。其次，應具有可讀性。再者，能將學界最新的研究成果包含在內。因此，關於第一點與第二點，本書著重從宏觀的角度，作歷史趨勢的說明，不對個別的歷史事件、人物作詳盡敘述。本書也避免出現過多的人名、地名與典章制度的名稱。然而這並不表示典章制度等不重要，而是為了在歷史教育的過程中，減少學生背誦的壓力。關於第三點，多年來，社會經濟史與文化史的研究獲致了相當大的成果，因此本書也花費較大的篇幅敘述這些方面的歷史演進，相對的，則減少中央政府的政治制度與宮闈政治的敘述。這樣的比例並不反映筆者對於史學各領域重要性的看法。另一方面，為配合當今新的教育規範，本書也加重臺灣史的比重。

　　在一本十多萬字的書中，要闡述中國歷史的來龍去脈，誠非易事，況又受限於學力，故不盡人意處，勢所難免。作為本書的作者，雖然所有文責，皆當自負，但本書多敘述歷史大事，其中仁智互見之說並存是學界常態。作為部定教科書，我信守言皆有據的原則，

亦即本書中的學說皆出自海內外重要學者與其著作,不自創新說。但作為血肉之人,誤解、偏執或仍不能免,請方家諒察並指正。

　　最後,再次感謝吾妻張慧玲女士在其繁忙的工作之餘,抽空幫我潤稿、校對與提供意見。感謝家父秀軒公在本書出版後細心閱讀,並多所訓勉。感謝本書的審查者所提供的意見,除使本書能稍臻完善外,也對我將來有所惕勵。感謝三民書局的編輯女士先生,在這一二年的送審過程中,可謂費盡心力,如今本書能再度出版,他們功不可沒。

1997 年 5 月 18 日

中國通史 目次

附圖目次

第一章　中國文化的誕生

第一節　中國文化的萌芽

文化的定義

如果要給文化一個定義，文化是人們為了生活，藉由勞動所創造出的設計。文化意味著人類能夠控制自然環境，進而利用自然界的資源，以增加自己的福祉。如遠古的人類開始將野生的植物轉換為田裡的作物，因此人類開始有了穩定的食物供應。又如人類馴服野生的馬，取火以控制溫度等，這些都是文化的表徵。

質言之，文化就是人民的生活。本書即將展開一個歷史的視野，去觀察歷史上的中國人，如何在這塊大地上生存奮鬥。他們與人爭、與天爭，或成功，或失敗，一步步的改善生活。這段芸芸眾生的歷史，就是中國的文化。

中國文化圈

中國的歷史悠久，文明燦爛。中國與埃及，西亞的蘇美、巴比倫，印度以及歐洲的希臘，並列為世界的古文明。十九世紀以來，由於西方帝國主義的擴張，地球成為一個世界。但在此之前，地球上存在著數個「歷史世界」，如歐洲世界、伊斯蘭世界、印度世界與東亞世界。所謂「歷史世界」，意指這個區域內孕育獨特的文化，且這個文化的發展具有自主性。以中國為主，加上周邊農業地區（日本、韓國、越南等）的東亞，就是這樣的歷史世界。

　　我們說中國文化具有自主性，不是說中國文化的各種內容都是首先發生在中國本身，歷史上沒有一個文明是完全不受其他文明影響的。自古以來，文化交流便是常態。所謂的自主性，是指中國能夠吸收轉化外國的文化，進而創造出自己的新文化。溯自遠古的陶器、青銅器的發展過程中，中國便可能吸收了西方的技術。但我們創造了世界上第一流的陶器與青銅文化，而且具有豐富的中國特色。佛教的傳入中國更是明顯的例子。今天東亞所流行的佛教，不是印度文明的佛教，而是中國的佛教。古人所謂「有容乃大」，中國文明正因為能容納不同的文明，才顯現其偉大。

　　十九世紀時，由於歐洲文明開始主宰世界，在歐洲人優越感的作祟下，有所謂的中國文明西來說，即宣稱今天的中國人是從西方遷入中國的，中國的文化也完全由西方輸入。今天我們已不相信這套學說，雖然我們也必須知道，歷史上沒有純種的民族，也沒有完全獨立的文化。中國這塊土地上的諸民族的演進，也是彼此融合混雜，其中當然也包括西方的影響。但另一方面，中國自始至終有一個原生的文化，而且在歷史的演進中自主的發展。

　　中國文化圈的形成，表示這個區域內具有共通的文化要素，而與其他文化圈有所區別。在歷史上，中國文化成為東亞世界的共同文化，它包括下面幾項要素❶。

1.漢　字

　　即使中國各地的語言差異很大，但就書寫文字而言，至遲在秦始皇統一中國之後，已達成文字的統一。文體、語法也有統一的標準，此即我們所說的「文言文」。傳統中國人的日常生活可能使用各自的方言，但寫的卻是相同的文言文。中國在戰國時期，各地的士人已經使用相同的文字。西元三世紀前半葉，即漢末、三國時期，漢字更成為東亞世界的國際文字。其後韓國、日本、越南的上層社會皆使用漢字，即使他們的

---

❶　此是根據高明士《唐代東亞教育圈的形成——東亞世界形成史的一側面》，頁15–24。

讀法與中國人不同。

2.儒　教

儒教是指通俗化的儒家思想。從西漢中期，即西元前一世紀起，儒教逐漸成為中國的國教❷。隨著歷史的發展，更成為東亞世界上層社會的共同文化教養。

3.法律制度

中國的法律體系是世界上主要的法系之一，且中國的法典也成為東亞國家編纂法典的範本。

4.佛　教

佛教起源於印度文明。但今天東亞世界所流行的佛教，卻是中國化的佛教，它不同於中亞、南亞的佛教。

5.科　技

指中國式的科技，如中國固有的天文、曆學、算學、醫學、陰陽學等。今人比較能體會的是醫學與陰陽學。今天我們還有「中醫」、「漢醫」的稱呼，以區別「西醫」。中國人在判斷吉凶大事時，多有看黃曆、批八字的習慣。

雖然在對照其他的歷史世界時，我們可以將中國當成一個整體來看待，好比我們可以說漢朝時的中國如何如何。但在此同時，中國本身卻是由多民族與多元文化所組成的國家。研究中國文化，我們要注意中國內部文化的共同性，也要注意各地域所呈現的不同文化風貌。所以我們稱歷史上的中國是一個「世界」，亦即中國的歷史不僅是一個民族或一個國家的歷史，中國是一個複雜而多元的文化體系。

---

❷　本書所謂「儒教」與「國教」中的「教」，主要是指一種教養、教化，它們是一種信仰，卻是文化信仰，而不是西方式的宗教信仰。儒教在西漢中期之後，逐漸成為中國的國教，主要是表現在下面幾方面：一，國家的禮制設計是依儒家的經典，如皇帝祭天（郊祀）與祭祖（宗廟）。二，官方的教育制度以儒家思想為指導原則，譬如以儒家經典為教材、學校與孔廟合一等。三，國家依儒家思想的標準選拔人才。然而，我們也不應忽略在中國的民間信仰中，佛教、道教的影響力是與儒教並駕齊驅的。

　　中國是一個多民族所組成的國家，以漢族文化為主體。今天我們所說的中國文化，多指漢族文化，也稱作中華文化或華夏文明。然而，我們必須要認識到中國文化的多元性。這種多元性起因於各地自然條件的差異，各地人民為適應當地的環境，進而利用與改造自然，發展出不同的文化。以漢人的文化為例，南北的差異就十分巨大。這種差異到今天都顯而易見，我們也耳熟能詳。華北地理景觀的特色是黃土，農業以旱作為主，代表性的食物如饅頭、包子、餃子、麵條。來到江南，地理景觀由黃色轉為綠色，蜿蜒的河流貫穿大地。這裡的人民以米食為主。即使同為南方或北方，各區域之間的文化也呈現不同的面貌，最明顯的差異表現在方言之上。今天懂閩南語的人，多聽不懂廣東話，而閩粵卻是鄰近的省份。就算同一省份，出了福建的福州，鄰縣人也聽不懂福州話。

文明的起源

　　人類文明是如何誕生的，中國文明又是如何誕生的呢？學者主要從生物與文化兩方面解答這個問題。生物方面是探究中國人種的起源問題。有關人種起源的問題，不是單純中國史的問題，而且也是學界的大爭論，言人人殊，作為通史教材，我們不予細究。目前學界比較相信的說法是，「現代人種」起源於約二十萬年前的非洲大陸，然後播遷到所謂舊大陸，即歐亞大陸，再進入美洲大陸。然而，這也只是最流行的說法，現代人種的起源也可能是多元的。東亞地區的現代人種出現在約十萬到十五萬年前。在現今的考古資料中，中國在距今約五十萬年前曾有所謂「北京人」的出現，此後中國的土地一直有人類居住。然而，學者都不敢肯定「北京人」是今天中國人的祖先。「北京人」不屬於上面所說的現代人種，而是更原始的「直立原人」。北京人或許其後遷至他處定居，更有可能遭其他人種所消滅。總之，今天我們談各文明的起源，多不以人種的化石來斷定。

　　除了人種之外，文化的層面更受到重視。文化開始於人類懂得利用工具去改善人的生活，而所謂工具可以是物質的，如斧頭、弓箭；也可

以是精神的，如宗教、藝術。考古人類學家在考察文化演進時，則將焦點集中在工具的演變上。讓我們發揮一下想像力，試想人類開始時也如同其他動物一般，在蠻荒的大地上活動，他們的生活主要是覓食，而生活上主要的問題是饑餓。在這個階段，人與禽獸沒有差別。與許多禽獸相比，人的體能顯然遜色很多，在洪荒世界的競爭中居於弱勢。但是人類創造了兩樣東西，開始奠定人類的優勢。一是合作，一是使用生產工具。

今天我們常說人是群體的動物，它起源於遠古人類開始懂得合作的重要性。合作能夠創造團體的利益，更重要的是它也增加個人的利益。這輛合作的列車一起動，就不曾休止過。遠古的人類開始組成幾個人的狩獵隊，一起捕捉野獸。一直到氏族、國家的出現，以至今天的國際組織。由合作所發展出的制度改善了人的生活，成為人類文明的重要部分。

就生產工具而言，我們很容易想像在遠古的時代，石頭是隨手可得、取之不盡的材料。在舊石器時代，人類開始利用石頭為謀生工具，它的功用包括切割獵物，敲碎骨頭以吸取骨髓，或許也被用來作為武器。考古學家將石器時代分作舊石器時代與新石器時代，其差別在於製作石器的技術。在舊石器時代，人類只懂得用敲擊的方法製作石器。到了新石器時代，人類開始用琢磨的方法製作石器。製作的工具精緻了，也表示文化有了進展。從今天的眼光來看，從敲擊石頭到琢磨石頭，只是一小步，人類卻花了數十萬年的光陰。隨著新石器時代的出現，人類開始農業生產，地球上出現了農業聚落。考古學家稱這種變化為「新石器革命」。而其中最重要的是「農業革命」，它是人類文明史上的重要一步，其重要性可與西元十八世紀的「工業革命」並列。

新石器革命

農耕出現對於文明的發展極為重要。在農耕出現以前，人類的主要維生方式是狩獵野生動物與採集野生的植物。無論是狩獵或採集，由於食物來源的不穩定，人們經常面臨食物不足的問題，饑餓成為生活最大

的敵人。除了休息之外，人的活動完全用在覓食上，因此也不能有時間與精力去從事其他活動。這些「其他活動」正是我們所謂的文化。所謂農耕的出現，是指人類懂得將野生的植物品種改良，然後栽培在固定的土地上。在此之前人類是採集食物，在此之後人類是生產食物。這一步徹底改變了文明的面貌。這表示人類已經有能力改造環境。農耕出現以後，人類有了較多與可靠的食物來源。人不用花費全部的時間在維生上，有餘裕從事「其他活動」以改善人的生活，如農具的改良、製陶、紡織與創造文字。在「農業革命」以前，單位土地面積無法養活太多的人，因此人類社會一直停留在不出三十人的游群階段。農耕出現以後，人的組織型態也因之擴大，人開始定居在土地上，農耕聚落也隨之出現。有了長期的聚落，人類的群居生活將日趨複雜。今天我們所說的「國家」與「社會」於焉開展。從此之後，人類不再僅僅與自然抗爭，人類也必須面對自己所創造的環境，學習如何與同類相處。於是人類開始創造更好的物質生活、更佳的組織方式，文明於焉誕生。

史前的文化遺址

有關新石器時代以後中國文明的開展，拜近代考古學之賜，我們對它已有了清楚的輪廓。談起新石器時代的文化，我們一定要知道仰韶文化與龍山文化。歷史、考古學者所說的某某文化，是指以某地出土文物為標準的文化現象。民國十年，在今天的河南省澠池縣仰韶村，發現史前遺址，其文物特色是彩陶。民國十九年，在山東省歷城縣（今章邱縣）龍山鎮發現另一個史前遺址，其出土文物的風貌與仰韶文化十分不同，其特色是精美的黑陶。以龍山文化為例，它是以龍山鎮出土的文物為標準所建構的文化，例如黑陶、三足器、卜骨等。當我們在其他地方也發現這些文物時，學者便設定它們與龍山鎮所代表的文化屬於同一文化圈，而將該區歸為屬於龍山文化，如江南地區也有龍山文化。

仰韶與龍山文化的形成，表示中國在史前至少有東（龍山）、西（仰韶）二個文化圈。至於這兩個文化是並立的，還是前後相承的，學者之

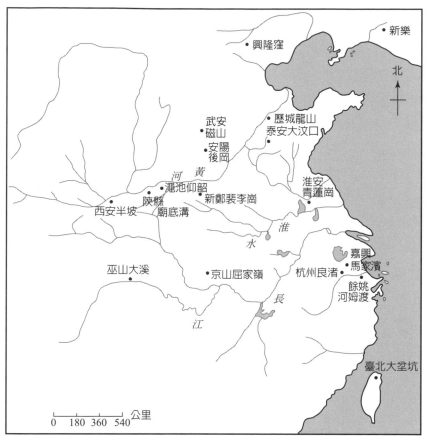

圖一　新石器時代文化重要遺址分布圖

間爭議頗大。一派的說法認為龍山文化是在仰韶文化的基礎上發展出來
的。然後龍山文化再以渭水流域、晉南和豫西為核心，向外擴散，東到
華北平原的東半部，南到長江流域。這個學說認為中國文明是由一個核
心向外擴散。它符合了傳統對於中國文明起源的認識，即中國人是黃帝
的子孫，上述的渭水流域、晉南和豫西正是黃帝所代表的華夏集團的根
據地。中國文明是從這裡開展出來的。

　　然而，今天學者都接受文化多元論。即在史前時代，中國的文化是
在各地同時發展，多元並立，且互相交流影響，如有學者提出「相互作
用圈」的概念。即新石器時代，中國各地都出現了具有自主性的文化，

而在距今六千年前開始，各地區文化間交流與作用變強。北從今天中國東北的遼河，南至臺灣與珠江三角洲；東從沿海，西至甘肅、青海、四川，由各文化互動而集結為一個「相互作用圈」。至距今五千年後半紀的「龍山時代」，各區域間的密切互相作用，形成了今天我們所謂的中國文化與國家。

我們可以將上述新石器的文化圈，大分為五區（圖一）。一是中原地區，重要遺址有磁山、裴李崗、仰韶、二里頭、二里岡與殷墟。二是山東半島，重要遺址有北辛、大汶口與龍山等。三是長江下游，重要遺址有河姆渡、馬家濱、良渚等。四是漢水與長江中游，重要遺址有大溪、屈家嶺等。五是遼河流域，重要遺址有新樂與興隆窪等。

農業革命

離現在一萬至七千年前，農業開始在歐亞舊大陸出現。而中國農業的起源至少也可以推到距今八千五百年前，所以中國也是一個重要的古農業起源地。

至少在五千年前，中國的農業就有兩個系統，一是黃河流域，一是長江流域。北方的黃河流域種植粟、黍、稷，南方的長江流域出產稻米。今天許多人將古代的中國文明說成黃河文明，這會產生誤解。一方面，人類許多古文明是「大河文明」，如西亞的兩河（幼發拉底河、底格里斯河）文明、埃及的尼羅河文明、印度的印度河文明。大河對這些文明起了決定性的作用，如尼羅河定期氾濫，為兩岸的農民帶來肥沃的土壤。但黃河文明不是大河文明，因為黃河本身並不提供中國農業起源的有利條件。黃河流域最早的農業與聚落，並不出現在黃河兩岸的沖積平原，而是在黃土區域內的臺地與小山丘。

另一方面，中國農業的起源也不只限於黃河流域，古代中國的文明也不是黃河地區一枝獨秀。七千年前江南已有農村，在新石器時代農業剛起步時，長江流域的農業並不遜於北方。近來的考古發現證明，長江三角洲附近的河姆渡遺址有稻米的標本，距今已七千年。這可以證明江

南是世界上稻米的原產地之一。就農業的起源而言，中國的南北是同時
並進的。可是到了戰國、秦漢時代，華北的農業水準則超過了江南，長
江流域反而成為農業的落後地區。為什麼長江流域的農業會落後於黃河
流域，有下面幾個原因。在這段期間當中，中國的氣溫比現在暖和，華
北的天氣類似今天長江與淮水之間的氣候，長江流域則是炎熱潮濕，低
濕的湖泊沼澤遍布，森林茂密。在這樣的環境下，疾病流行，人口無法
成長，因此無法提供水稻種植所需的大量勞動力。此外，沼澤與森林都
阻礙了農業的開展。江南的土質屬於黏土，不容易墾殖。這種困境必須
等到戰國以後的新農業技術開發出來之後，才得以解脫。這些技術主要
是指鐵農具的應用與灌溉技術的成熟。相對於南方的環境，當時華北的
黃土適合早期的農耕。黃土含有豐富的礦物質，是一種肥沃的土壤。其
顆粒非常細，一方面容易挖掘，所以早期人民可以使用簡單的工具來進
行翻土等工作，這一點對新石器時代的農夫而言，是十分重要的。再一
方面，黃土溶於水的比例很高，所以只要有足夠的水分，早期的黃土地
便可以孕育出豐富的農產品。

　　至少在五千年前，南稻北粟，或者說是黃河流域的雜穀農耕與長江
流域的水稻農耕農作系統已經成立。北方黃土地上的主要農作物是粟、
稷、黍。究竟粟、稷、黍是何種作物，現代學者有些迷惑，但大致而言
它們是一種小米。這種小米是北宋以前華北人民最主要的糧食。粟屬於
旱作，不是以灌溉為基礎的農業。粟一類的小米耐旱，比小麥更能適應
黃土高原上的氣候與土壤。遲至北宋時期，小麥才成為北方人民的主食
之一。

　　至遲在距今四千五百年前，稻米的栽培在長江流域已成為普遍現象。
除了前述在長江三角洲的河姆渡遺址發現稻米的標本，同時出現開關農
田的農具外，在江漢流域的屈家嶺也發現稻米的遺跡。

　　農耕的出現也帶動了畜牧業。原始的人類要獲得肉品必須靠捕獵野
生動物，農業成熟後，人類有了餘糧，才可能考慮豢養家禽、家畜，於
是許多野生動物被人們馴化為家生動物，其中最重要的是豬。中國是家

豬的起源地。中國人開始豢養家豬，可上推到距今七千年前的河姆渡。一直到今天，中國人（尤其是漢人）的主要肉類食品是豬，而不是牛羊。也因此一些乳製品，如乳酪，也不是漢人的主食。

隨著農業的形成，農村也開始出現在地表上。目前考古所發現的河南新鄭的裴李崗與河北武安的磁山，距今已八千年。以磁山的聚落為例，考古學家在遺址中發現了農業生產工具、粟與家畜骨骼。而在史前農村遺址中，最典型的代表則是半坡。

華北聚落的位址多在大河支流的臺地、丘陵上，一方面取水容易，另一方面也適合漁耕。半坡就在今天西安渭水支流灞河的河邊臺地上，居民以農漁為生。聚落內部的結構主要有四：房基、窖藏坑、陶窯與墓地。我們可以合理的推測這是一個自給自足的村落。這個村落的住宅區中，至少發現了四十四個居處。大的約三十六平方公尺，小的約十五至二十平方公尺。這些房子是半穴居式的。這樣的建築物大概可以生活三至五人，由此或許可以推測「家」的組織已經出現了。

這四十四間房子共同面對另一間「大房子」，大房子的面積超過一百平方公尺。學者多認為這是村民的聚會所（圖二）。據此，我們推測公共性質的機構已經出現，半坡的村民經常在這間大房子中決議部族的大事。半坡所代表的是典型的華北農村，這個聚落大約有四百至八百人。換言之，在六千多年前，中國北方的聚落已經可以是五、六百人的大農莊了。中國古代有「萬國」的說法，像半坡這樣的聚落，就是一「國」。我們可以想像在新石器時代晚期，中國的土地上，這樣的「國」星羅棋布。接下來的政治發展是這些萬國締結成一個龐大政治組織，以至成為我們所說的國家。

文字的出現

文字是人類文明的最大表徵，也是最重要的工具。今天幾乎每個國家、文化都有自己的文字系統，但在人類歷史上，只有少數幾個文化自主性的發明文字，如埃及、西亞的蘇美，另一個即中國。

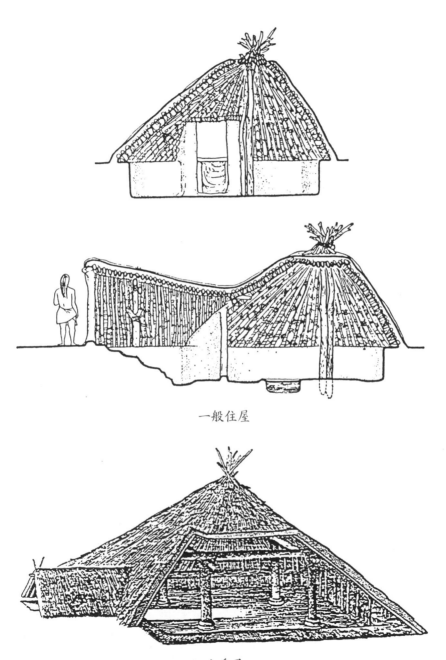

一般住屋

大房子

圖二　半坡遺址圖

　　我們可以想像，遠古人民在日常生活中，為了增加生活便利，而創造出許多記事的符號。近數十年的考古挖掘發現了許多這一類的符號，主要是刻在陶片上的符號，如陝西半坡、臨潼姜寨、青海樂都柳灣、山東莒縣等地都有出土物，時代在距今約六千年前。但歷史學家多不認為這就是文字。從這類的記事符號轉變為文字，需要極大的動力，而這個動力在中國是來自於政治。

　　文字在今天促成了生活的便利，可是我們很難想像文字在遠古是日常生活的工具。中國文字的出現是配合遠古王權的成立，即中國文字的被發明是用來表現王者神聖性與神秘性的政治權威，亦即文字是政治的符號。這種符號，或者被刻在甲骨上，或者被刻在青銅器上，作為傳達王者權威的工具。傳說文字是黃帝的史官倉頡所造的，此說不可盡信。但我們可以這樣理解，當華夏集團的王權運動開展時，如傳說的黃帝所代表，王權的機構（如倉頡所代表）創造了文字。雖然我們也相信王權機構不是憑空創造，可能也是利用民間長期以符號記事的習慣，以及其所發展出的記事符號。

　　今天我們所知道的中國最早文字是甲骨文。甲骨文是指在安陽殷墟所發現的龜甲、獸骨上的文字，是商代後期（西元前十四世紀至前十一世紀）商王室用於占卜記事用的。遠古的王權都依賴宗教權威，殷人也崇拜鬼神，凡事都要占卜，同時也利用貞卜文字以宣揚王者的宗教權威。殷王就其所關心的事，通過負責占卜的人，稱作「貞人」，向上帝、鬼神、祖先問卜。其方法是將處理過的龜甲或獸骨，先加以鑽鑿，但不穿透。然後放在火上烘灼。龜甲會在穿孔附近出現裂紋。占卜者就根據裂痕來斷定卜問之事的吉凶，連帶事後應驗的結果，寫在其上。這些文字，就是甲骨文，也稱作「卜辭」或「貞卜文字」（圖三）。

　　甲骨文已經是成熟的文字，而不只是符號。它以象形、假借、形聲為主要造字方法，與今天的中文大體相同。在語法上，甲骨文中有名詞、代名詞、動詞、形容詞等。基本上，甲骨文的句子形式、結構也與後代的漢語一致。當然，甲骨文仍然是十分原始的。它的字形不整齊，筆劃

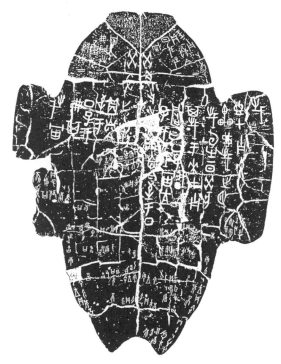

圖三　卜辭

複雜，多數仍然像圖畫，不方便書寫，因此不能普及。

第二節　國家的成立

分工與社會分化

　　伴隨著農耕的出現，糧食的供應漸趨充足，人類的社會開始出現餘財，也產生了分工的制度。一個社群當中，有些人是工匠，有些人是武士，有些人是祭司，也有些人是部落族長一類的領袖。男女之間也有分工，女人負責照顧子女，以及在居處附近採集食物。男人則負責狩獵與安全工作。由合作到分工，是歷史演進的一大步。社會分工之後，卻也變得日益複雜。原始的人類彼此之間是較平等的，社群的領導人沒有特

殊的地位，大家都是團體的一分子，共同分享團體的財產與榮譽。我們稱呼這樣的社會組織為「共同體」。

但是當社會分工之後，原始共同體的狀態開始一步一步解體，階級分化的現象也隨之出現。這些階級分化的現象，初步表現在同一聚落內部居民的貧富差別。我們可以比較下面兩個考古遺址的變化。

曾在前面介紹過，距今約六千年前，西安半坡聚落中所發現的住屋大小差別不大。由墓地的隨葬品來看，其間的差別也不大。我們可以合理的推測，半坡村的居民之間的貧富與階級的差異並不明顯，他們以接近平等的身分共同參與半坡村的公共事務。

到了大汶口文化，貧富的差別就十分突出。大汶口遺址位在山東省寧縣大汶口，年代約距今四千八百年前。由墓葬的規模來看，墓已有清楚的大中小等級。其中沒有隨葬品的很少，一到五件的最多，占百分之五十。六到九件的占百分之二十五，十件以上的占百分之二十五。這種貧富的差距必然反映在聚落內部的權力關係上。少數人躍為統治者，多數人淪為被統治者。我們可以確定的說，在龍山文化的階段，貧富差距日益懸殊，資源集中在少數人手中的趨勢愈演愈烈。儒家所嚮往的大同世界，只能到仰韶文化中去憑弔。

可以確定的是，當每個人各司其業時，便有所謂的公共事務出現。而社會就需要一個管理機構來負責社群當中的公共事務。我們可以推想當時最重要的公共事務是宗教與戰爭。這兩樣事情都牽涉到每個社群成員的利益，而且需要有人出面管理與領導。因此一個社群的領導人，通常是宗教的領袖與軍事的首領。要探索中國國家的起源，也必須循著戰爭與宗教的脈絡。

隨著社會上餘財的增加，戰爭也逐漸成為常態。試想當一群人整天覓食卻經常處於饑餓狀態，俘虜這群人是無利可圖的。可是一旦餘財出現，強勢的團體可以藉著戰爭，掠奪其他社群的餘財，或俘虜弱勢者為奴隸，於是戰爭成為常態。

城的出現

　　我們可以設想，在距今約四、五千年前，中國發生了劇烈的變化。
一方面，聚落的內部開始劃分出統治者與被統治者。另一方面，部族之
間的戰爭開始蔓延開來。戰敗的部族從此集體成為戰勝者的臣屬。各部
族在面對戰爭的威脅時，為保護生命與財產的安全，開始在聚落四周興
建防禦工事，其中以城牆最為重要。因此當城在中國土地上出現時，它
意味著征服與被征服的戲碼已不斷的上演。

　　華北地區開始出現城邑是在龍山文化晚期，距今約四千年前，也就
是傳說中黃帝到夏禹的時期，這個時期中國社會發生過巨大的變化。約
在距今四千六百年到四千年之間，中國的華北地區，一方面由於部族內
部的階級分化，再加上部族之間的征服與被征服，出現了明顯的統治者
與被統治者。統治集團築牆以捍衛自己及鎮壓別人，從此之後，一直到
現代中國的出現，城牆是國家最重要的象徵。城裡頭住的是官員與軍人，
他們支配著城外的農民。如果我們說中國文明的擴張是一種築城運動，
一點也不誇張。

　　有名的城垣遺址如河南鄭州所發現的商代早期（距今約三千六百年
前）的遺址，學者稱之為「鄭州商城」。根據計算，利用當時的生產工具，
每天出動一萬人力，保守估計必須要花四、五年才能完成。雖然這種計
算一定很粗糙，但據此我們不難想像中國到了商代早期，當時的國家已
經有能力控制與組織龐大的人力。這樣的政府也必然是相當進步的，而
統治者也必然具備了相當大的權力。

　　從傳說中黃帝的時代開始，或者我們說是龍山文化晚期，中國政治
社會的主要發展方向是「城市國家」的出現。遠古以來的村落之間，歷
經持續的征服與被征服，獲勝的部族累積了較多的人力與物力資源，得
以建造城牆。統治集團住在城內，被統治者住在城外。這樣的一個以城
為中心，包括四周村落的政治社會組織就是一個原始的「國」，我們也稱
之為「城市國家」。

鄭州商城的出現也可以使我們推想在戰爭的過程中，有少數城市國家脫穎而出。他們利用戰爭不斷的併吞或聯盟其他城市國家，最後成為華北地區的共主，如商人就曾長期為共主。傳說中夏代與商代，中國的政治體系就是小型的城市國家集結為大型的城市國家，而以其中一個大型城市國家（如商）為共主。

隨著統治集團的出現，少數的城市國家統治者擁有極大的權力，可以動員大量的人力與物力。統治者與被統治者之間的差距逐漸加大。以住宅為例，從龍山文化晚期到殷商時期，華北一般的民宅未有太大的變化，多是半穴居。可是另一方面，大型的宮殿遺址開始出現，這裡頭住的當然是一群統治者，這種強烈的對照也顯示階級分化的嚴重。

早期國家的演變

從考古發現配合文獻傳說，我們可以為中國國家的出現畫出這樣的輪廓。約四千六百年前，中國國家的雛形出現，此即傳說中黃帝的時代。當時的國家型態是城市國家聯盟的雛形，傳說中的黃帝是這個聯盟的領袖。《史記》的作者司馬遷曾記載黃帝版圖：東至黃海，西至甘肅崆峒，南跨過長江到湖南北部的岳州，北到內蒙古的懷來。司馬遷的說法是可信的，不過嚴格的說，這是黃帝的勢力範圍，而不是後代所謂的疆域。因為在這個區域內遍布著城市國家，各城市國家都有程度不同的自主性，各自為政，甚至互為敵體。它們奉黃帝為共主，負責聯盟的共同事務。黃帝對於各城市國家沒有絕對的權威。而且，黃帝時期的政團還沒有定居下來，經常遷徙。

這時候的共主是如何產生的，我們並不清楚。但從堯舜禪讓的故事來看，共主可能是由城市國家領袖所推舉的，至少要獲得認可。共主只是城市國家聯盟的象徵，沒有太大的權力。根據傳說，這種推舉賢能為共主的制度到夏朝成立後結束，從此展開了家內世襲的制度，統治者或傳子或傳弟。換言之，一家一姓長期成為統治者，政治權力在家內世襲。雖然我們對夏朝的傳說必須存疑，因為今天的考古學還沒有辦法證實有

夏朝存在。但我們可以很肯定的指出,在商朝之前,中國中原地區的確存在著一個龐大的政治組織與文化,或許是司馬遷《史記》所說的夏朝。而且根據前面所說的考古發現,從黃帝的年代到夏朝,即四千六百年前到四千年前,中國的政治社會發生過巨大的變化,即統治階級與國家的形成,及伴隨而來的貧富差距。而其變化的結果便是傳說中夏朝的成立。

夏商時期的國家

《禮記・禮運》曾描述三代(夏商周)的演變,從今天的歷史學知識來看,其洞見令人佩服。據說〈禮運〉是孔子的言論,我們配合今天的歷史知識,可以對〈禮運〉的學說作出這樣的鋪陳。夏禹之後,中國結束了堯舜的「大同」時代,進入了「小康」。小康不同於大同者,是肇因於家的出現,家從此成為社會經濟組織最重要的單位。在此之前,一切是公有,此後所有的資源都為各個家族所私有,包括政治資源在內。於是原本的部落、社群的領導人將他們的職位也視為家族的私有物,而傳給子弟。夏禹傳子不傳賢只是其中的一個個案,是時代潮流的產物。由於統治者的權力愈來愈大,統治者的位子也為人所覬覦,爭奪與戰爭於焉出現。而一般的社會也出現盜賊的行為,政治社會秩序大亂。戰爭的結果,各地開始出現「城池」,一方面用來防禦,一方面用來征服。這樣的亂局一直要等到聖人出現,發明了禮之後,才獲得解決。〈禮運〉所點出的家與家族私有制、世襲政治與城邑的出現,的確是夏朝成立的歷史意義。《尚書・堯典》說堯的手下有一個完備的官僚機構,此不可盡信。但至少我們可以相信在四千年前,一個官僚機構的雛形已經出現。統治者擁有個人的幹部,且這些幹部有大致的職務分工。由於堯的官員中有一位皋陶負責刑罰,因此我們大致可以相信,在四千年前夏禹的時代,法律出現了。這些制度也確立了政治社會的支配與被支配的體制,中國的國家機構約在夏禹的時期,已正式確立。

在商代,中國的政治組織仍是城市國家聯盟。小的城市國家集結為大的城市國家,而大的城市國家再擁護一個共主,上下的結合關係是不

穩定的。統治者的力量一旦衰退,聯盟即解體。殷商前期對於其勢力下的小國、部族的支配力不是很強。

到了商代中晚期,政治型態逐漸發生變化,共主的權力愈來愈大。我們相信在中國傳說的堯舜時代,統治者的權力是有限的,或許我們應該稱他們為管理者。可是隨著社群的公共事務日益增加與複雜,尤其是戰爭的劇烈與常態化,統治者的權力也與日俱增。從甲骨文顯示,統治者擁有更多的幹部,這些幹部的分工分層的情形更加清楚。

到了晚商時期,城市國家聯盟的型態也開始變型。尤其在武丁(在位約西元前 1324–1266 年)以後,殷商對於其他各國的優勢更加確立。從卜辭中顯示,商王派監督官吏駐守在殷商勢力之外的城市國家。

殷商國家組織的成熟,表現在青銅文化上。所謂青銅是指銅錫合金。青銅器最早出現在殷商的中期,一直到周代,中國的代表性器具就是青銅器。青銅器也成為中國古代文化的象徵。青銅器用作武器嫌不夠堅固,用作農具則嫌浪費。青銅器的特徵是非實用性,多用來作為禮器,其中以大型的鼎最具代表性。使用這些禮器的人自然是統治集團,統治集團需要這些禮器以展示統治的權威。這些禮器多用在祭祀上。當王者持禮器在從事祭儀時,也增加他的宗教權威。當遠古人們仍每天汲汲於營生時,我們可以想像,當他們看見統治者所擁有的大型禮器時的驚嘆與自覺藐小。一旦這種效果發生時,統治的正當性也隨之產生了。商代大型青銅禮器的製作,除了顯示工藝技術的進步外,更重要的意義是國家與統治階級的勢力的擴張。

第三節　中華民族的誕生

民族起源的多元性

中國經歷了新石器革命以來的變化,中國的土地上出現了為數眾多的聚落。這些聚落之間不斷發生和平的交流與戰爭的征服。勝利的部落

累積龐大的資源，進而建造城池，以鎮壓被征服的聚落農民。這些統治的部落之間又互相結盟，進而組成各個集團，最後形成一個全中國的聯盟，如傳說中的夏朝與確定存在的商朝，皆屬於這一類的聯盟。

根據古史傳說，中國人的共同祖先是黃帝，就歷史事實而言，這是不可信的，中華民族的起源不是一元論。在遠古時期，中國的土地上就同時並列著許多部族集團。至於如何將這些部族集團分類，史學家之間沒有定論❸。大致而言，有今天中原地區的華夏集團、華北平原東部的東夷集團、長江流域以南的苗族，以及陝西、甘肅一帶的羌族。黃帝曾領導華夏集團與東夷領袖蚩尤戰於河北南部地區的鉅鹿（古稱涿鹿）❹，確立了華夏集團對於中原地區的霸權。傳說中的夏禹伐三苗，當是華夏集團與苗族的對抗。夏禹的勝利，更確立了華夏集團的優勢。而中原地區又是夏商周三代以後，中國文明的核心地區，所以我們才說黃帝是中華民族的始祖，我們自稱華夏民族。其實，所謂的東夷、南蠻、西戎、北狄，在三代以後，都對中國文化的進展有不可磨滅的貢獻，我們身上也極可能流著這些所謂夷狄的血液。

華夏國家的出現

三代以後，中原共主的權威逐漸奠定，文化的優越感也隨著政治、軍事的優勢與經濟的進步而增強。於是中原地區的領導部族自認為是居天下之中，而周遭的部族被稱作「四裔」。中原與四裔的不同，即夷夏之辨，並不是體質上的差別，而是文化上的先進與後進。然而我們仍須強調，當時「四裔」的文化，皆是今天中國文化的源流之一。

商人是東夷的一支，他們取代夏的共主地位之後，仍將其根據地建立在夏的故地，可見中原地區的政治核心地位已告確立。商人自稱「中商」，認為自己是居天下之中。這裡的天下之中，是指他們占據了中原地區，尤其是今天河南的西部平原。

---

❸　這個問題可參考許倬雲《西周史》頁 14–17 中的概說。

❹　根據徐旭生《中國古史的傳說時代》，頁 96。

不過在周人滅商之前，中國是處在城市國家聯盟的階段，一直到周朝成立，華夏國家的型態才告確立。周滅商是古史的一件大事，我們將在第二章中討論。在周代之前，中國的各個城市國家之間雖然一般是和平交往，藉此創造出相近的文化，但在政治上仍處在敵對的狀態。周滅商的歷史意義之一，是周人結束了城市國家聯盟的時代。中國第一次由一個大型的城市國家（周人及其同盟）藉由征服的過程，建立起全中國的霸權。不同於城市國家聯盟的體制，周人派遣自己的族人為各部族的領袖，中國也是第一次出現各地的統治集團都屬於同一個部族。這種政治的新局面，自然使在此之前的文化認同制度化，而使中原諸國進一步產生出「我群」的觀念。這種在周代形成的同類意識，即建構出「華夏國家」的觀念。

「中國」觀念的形成

中國在經歷了新石器時代晚期以來各政治集團的互動，開始出現一個空間的概念，即後來的「天下」。周人克商後，自認為與夏人同祖，因此理所當然的取代東夷的商人，而為中原的盟主。周初周公營建雒邑（洛陽）為成周，一方面是為了當作東征以及日後聯絡東方的根據地，另一方面是因為當時人認為洛陽是天下之中，具有宗教聖地的意義。洛陽居天下之中，除了是根據當時天文學的知識外，也與當時的地理與族群分布有關。當時的中國可以分作三個地理區，一是河南西部的豫西山地以東，綿延到山東半島，這裡幾乎都是一、二百公尺以下的平原。二是豫西山地以西，由豫西山地上接太行山，下連四川、湖北間的山嶺，諸山以西直到甘肅以東，是一具有高山與河谷的地區。三是漢水、淮水以南，這裡是河流沼澤多的地區。不同的地理景觀也孕育出不同的族群集團。華北的東部平原，或者我們稱之為河濟平原，是東夷的根據地。華北西部的山西汾水流域及河南的西部河谷地區是夏人的區域。再往西邊走，來到渭水流域以及甘肅東部的高原，則是羌人或姜姓的活動區，周人也起源於此。南方是苗族的故居。這個區域，就是「天下」，而洛陽正居於

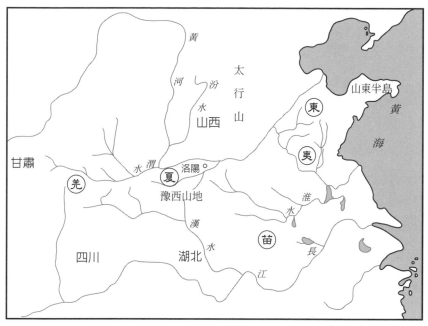

圖四　商周之際洛陽為「天中」示意圖

這三大地理區與諸民族的交匯區。對於遠古的先民而言，他們當然有理由相信這裡是「天下」的中央。想要成為中國的共主，理當建都於此（圖四）。

　　周人將國都建在洛陽，是為了宣揚他們的合法統治地位。「中國」一詞的出現，正與洛陽作為國都有關。西元 1963 年在陝西省發現一件青銅器「㝬尊」（圖五），它是記載周成王在洛陽（成周）所舉行的一場儀式，在周成王的演講辭中，提到他的父親周武王準備在洛陽建都，對天禱告說：「余其宅茲中國。」用白話文說就是：「我將建都在中國。」這是現有的史料中，第一次出現中國一詞。這裡的中國是指「天下」的中央，實際上是指以洛陽為中心的地區。從周初以來，周王自認為是天在「天下」的代理人，自稱「天子」。天子理應居天之中，天子的都城也被稱作中國。總之，中國一詞是指支配「天下」的正統政權。歷史上的中國各政權自稱中國，是表明自己是支配天下的正統政權。一直到 1912 年中國

圖五　冟尊銘文圖

成為正式的國號之前，中國都具有此意義。

漢民族的雛形

今天的中國是多民族所組成的國家，而根據官方的統計，其中百分之九十二的中國人自稱是漢人。漢人或漢民族的概念源起於漢代，漢朝統治下的人民即漢人。其後在中國各王朝統治下的人民，也多自稱自己是漢人。故漢人與其說是一個生物上的族群概念，不如說是一個政治概念。

我們概略的追溯族群的歷史。周滅商以後，「華夏國家」成立，周人及其同盟（如姜姓，其領導人是姜太公），開始到東方（即豫西山地以東）建國，建立城郭，成為當地的統治者。在其後戰爭與和平的過程中，周人與土著融合，我們也可以看成是東西兩個民族的交流與融合，於是一

個以華北為範圍的「華夏」民族成立。如至聖先師孔子的祖先是殷人，而孔子卻是周文化最偉大的理論家與實踐者，畢生以效法周公為職志。

春秋、戰國時期，南方楚國開始強大，並對以周王為中心的北方華夏集團構成軍事上的嚴重威脅，與文化上的極大挑戰。從華夏的觀點，視楚人為蠻夷，稱為「荊蠻」。但今天歷史學家都承認楚文化的優美與價值。春秋後期起，楚國與北方的華夏國家激烈戰爭，華夏文化的代表性國家魯國也竟為楚國所亡。但也在此過程中，華夏與楚國也有了頻繁的交流與融合。其後，僻處華北西陲的秦國統一了中國，也擴大了華夏與中國的範圍。而推翻秦朝的兩大勢力，劉邦與項羽都是楚人，其反秦的革命也可視為楚國的復國運動。但劉邦建立漢朝後，定都長安，繼承秦的正統。在漢代，北方的華夏與南方的楚國也漸融合為一個民族，即漢民族。

而漢會成為其後多數中國人自我認同的稱謂與概念，也與漢代的「胡漢」對立有關。人類自我認同的出現常源於集團間的對抗，在對抗中取得自己的名字。從西元前第七世紀起，西從匈牙利，經過南俄羅斯、中亞細亞、新疆到蒙古，即歐亞大陸草原，出現騎馬游牧民族與政權。他們不斷侵擾南方的農業民族，包括中國。這些游牧民族就是中國歷史上的匈奴、突厥與蒙古人等。從春秋、戰國以後，華夏國家就不斷受到北方騎馬游牧民族的威脅。秦漢的中國更傾全國之力，對北方的游牧政權（主要是匈奴）發動戰爭。自漢武帝以來，戰敗投降的游牧民（匈奴人）被安置在漢朝境內，成為當時中國的少數民族。這種實際的經驗使當時的中國人認識到不同族群的存在，故形成胡漢對立的觀念，也有了「漢民族」的自我概念。

摘　要

　　本章我們討論了三個主題，分別是中國文明的起源，中國國家的起源，與中華民族的誕生。

　　就文明的起源而言，首先，早期的中國文明是呈現多元並進的。今天許多人說中國文明起源於黃河，這並不正確。從新石器時代以來，中國各地都有程度不同的文明出現。考古學家在長江流域發現了許多考古遺址，證明這個地區的文明水準不下於華北的中原地區。因此當我們考察中國文化的起源時，不應該只將眼光注視在中原地區。中國之所以擁有璀璨的文化，正因為它「有容乃大」，可以吸納不同地區、不同族群的文化。

　　其次，在史前時期，文明最重要的發展可以說是農業的出現。中國是世界上重要的古農業起源地。同樣的，中國的農業也不是只起源於黃河流域，遠在七千年前，長江流域已開始培植稻米，成為世界上稻米的原產地之一。稻米也是今天與小麥並列的最重要糧食。

　　再者，有人說中國是大河文明，這條大河是指黃河，這也是一種誤解。黃河並不提供農業起源的有利條件。黃河流域的確出現了古老的農業與聚落，可是並不出現在黃河兩岸的沖積平原，而是大河支流的臺地與小山丘。農人選擇這一類比較乾燥的地區居住，種植旱作，作物以小米為主。

　　最後，我們討論了文字的起源。在距今六千年前，中國人已懂得用符號記事。傳說黃帝的史官倉頡曾發明文字，這並不可信，但或許在約四千六百年前左右，已經有一些文化進步的部族開始從事符號蒐集與整理，說是造字也不為過。今天談中國文字的起源一定推到殷商的甲骨文，因為我們可以確定這些文字就是今天中文的源頭。

　　再就國家的成立過程而言，我們討論了人與人之間貧富差距與階級

分化的日趨劇烈，於是開始出現統治者與被統治者。統治者為了要保護既得的利益，也為了進一步鎮壓，紛紛開始築城，於是城成為國家最明顯的象徵。早期中國的「國」就是一個個的城。這種以城為中心所構成的政治領域，我們稱作「城市國家」。一直到春秋、戰國時期周封建的崩潰，中國的政治型態就決定於這些城市國家之間的聯盟與對抗。

　　大約在距今四、五千年前，城開始出現在中國的土地上。這也意味著自遠古以來的部族、村落之間的戰爭，已經造就出一些強大的統治者，他們有能力動員龐大的人力與物力來建造城牆。大約從黃帝的年代開始，即距今約四千六百年前，中國出現了城市國家聯盟的雛形。黃帝或其後的堯、舜都是聯盟的共主。到了夏朝建立，距今約四千年前，世襲制度出現，共主的位子由一家一姓所擁有。商朝後來取代夏朝，成為華北的共主。在夏商時期，各城市國家保有極大的自主權。共主只能處理城市國家間的公共事務，不能干涉城市國家的內部事務。

　　最後就中華民族的誕生而言，首先我們說到中華民族的起源不是一元論，而是遠古以來不同的族群所一起締構而成的。遠古以來，中國的民族大略可以分為四個，分別是中原地區的華夏集團，華北東部平原的東夷集團，長江流域的苗族，以及陝西、甘肅一帶的羌族或姜姓。西周建立以後，華北地區已經出現了「華夏國家」的意識。春秋、戰國時期，南方族群也逐漸與華夏集團融合，最後在漢朝時形成今天我們所說的漢族。漢朝以後，胡漢的對立觀念，主要產生於生活方式的差異，而不是血統的不同。漢人是農耕民族，有別於胡人騎馬游牧。這種胡漢對立的觀念，必須等到近代以來工業文明進入中國後，才告解消。

　　我們也說到「中國」這一詞的來源。在夏商周三代時期，中原的領導部族具有文化優越感，自認為居天下之中。根據當時天文與地理的知識，當時人認為天下之中是在洛陽地區。周滅商後，周武王計畫在洛陽營建東都，其理由之一是天子當居天下之中。在此時期，我們首次在文獻上看到這個地區被稱作「中國」。當然我們也不否認，可能在此之前這個地區早就被稱作中國了。隨著歷史的演進，中國不再只是指天子的都

城，而是指整個疆域。但中國一詞一直含有濃厚的文化意義，用來顯示高於四鄰的優越文化。

習 題

1. 我們說古代中國文化的演進是呈現多元性的，請從中國農業的起源與中華民族的誕生加以說明。

2. 請查閱《禮記・禮運》，說明什麼是「天下為公」的大同世界，什麼是「天下為家」的小康世界。並請配合本章討論國家成立的過程，說明〈禮運〉的意義。

3. 「中國」一詞是如何出現的，它代表了什麼意義？

第二章　由封建到統一國家

第一節　封建王朝的成立

周朝建立的歷史意義

周王朝的成立在中國歷史上具有劃時代的意義。第一章我們曾討論過，中國在夏商時期，國家型態是「城市國家聯盟」；在殷商的晚期，商王的力量已有明顯的擴張，商王在某些城市國家派有代表。但總體而言，各城市國家在政治上仍然各自為政。

這種情形一直到周朝建立後才為之改觀。此時，中國第一次有一個統治集團，以其政治力（武力）征服被統治的部落、城市國家，而且在被統治者的區域內，建立起周人的據點。因此周朝打破了各部族、城市國家在政治上、血緣上各自為政的情形，進而產生一體感，「華夏國家」於焉成立。

周的起源

周人祖先的來源是具有爭論性的問題，我們目前可以確定，從夏末至商代，周人活動的範圍是渭水、涇水流域，所以周人是屬於華北西方的一支部族[1]。在陝西省岐山縣鳳雛村發現的大型周人建築遺跡，時間在周人滅商以前。岐山地區當時稱為周原，根據史書的記載，周文王的祖父古公亶父曾建都於此，所謂鳳雛村基址應該是周人早期的都城。它

[1]　其學說史可參考許倬雲《西周史》第二章〈周的起源〉、杜正勝〈先周歷史的新認識〉，收入氏著《古代社會與國家》。

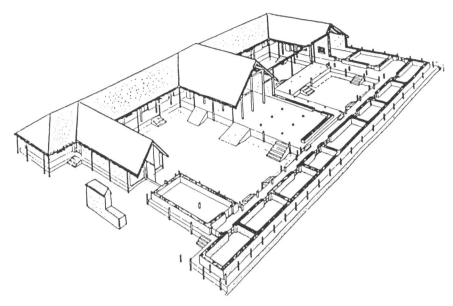

圖六　岐山鳳雛西周宮室復原圖

的建築以當時的標準而言，堪稱十分雄偉（圖六）。

周人的東進與滅商

　　根據傳統史書的記載，周文王（約西元前十二世紀中後期）是一位仁君，在位時，積極將周人的勢力由周原沿渭水向東推展，奠定了周人的優勢。文王死後，其子周武王繼位。武王持續東進的政策，於約西元前 1111 年，與商人的主力部隊戰於牧野（河南淇縣南）。這一役，商人與其聯盟大敗。周人獲得了決定性的勝利後，取代了商人的地位，東方的城邦也承認周的共主地位，周成為中國的新共主。周滅商之後，將軍隊撤回渭水流域，建都在鎬京（陝西西安附近），稱作宗周。

　　到此為止的發展，就如同商人取代夏人而成為共主一般，周人並沒有試圖直接統治東方。在周滅商之際，周人相較於東部平原的商人及其聯盟，只算是一個小國。周人自稱「小邦周」。或許周人自己對於能夠一舉滅掉商朝，也十分驚訝。當周人獲得共主地位，回到西方之後，只在

商人的根據地常駐三支軍隊，派遣周武王的弟弟管叔、蔡叔、霍叔負責，稱作「三監」。

　　周武王在滅商後的第二年逝世。武王之子成王年幼，由武王之弟周公主政。周人在東方的派駐軍「三監」聯合東方的部族反叛周人，使得周人在東方的勢力岌岌不保。此時，周人的統治集團有二項選擇，一是放棄共主的地位，退守關中；一是派兵東征，徹底的擊潰反叛勢力。於是以周公為首的周人下定決心，發動更強有力的武力行動。換言之，周公決定放棄原有的「城市國家聯盟」的形式，而直接在東方建立起根據地。亦即將周人移民到東方，在要衝建立起殖民地，並對東方的部族採取分區控制，以便隨時鎮壓。於是周公領導周的軍隊開始東征。這場戰役的規模與所耗費的時間，就當時而言，是史無前例的。對周人而言，也是一場艱苦的戰役。這場戰役的痕跡留在《詩經》的詩歌中。〈東山〉詩中描述一位周的貴族在東方的戰場上思念新婚的妻子，其中詩人自述已經出征三年，一般也認為這場戰役延續了三年。當時周公除趁機平定了三監，更揮軍進入到今天的黃河下游與淮水流域，征服了東方的主要部族。周公並在今天的洛陽興建東都，即雒邑，亦稱為成周，以作為東進的指揮部。

　　周公的東征雖然獲得了重大的勝利，但卻只是鎮壓了主要的大勢力，整個東方仍未完全納入周人的控制中，雙方敵對的狀態並未完全解除。整個東方要服屬於周朝，還需要一段漫長的歲月。

周封建

　　今天我們所說的「周封建」，就是周王分封他的親戚或同盟，令他們去建立自己的國家。「周封建」是伴隨著征服與殖民而來的。周公東征獲勝後，周人展開了大規模的殖民運動。周人及其同盟到東方殖民，統治當地的舊部族。這個「武裝殖民」的過程，就是封建的本質。春秋戰國時期著名的國家如齊、魯、燕，就是在周公東征之後，周人（含其西方的同盟）到東方來武裝殖民所建立的國家。

關於武裝殖民的實況，我們可以舉齊國的建立為例。齊國的創始君主是姜太公，他是周人的同盟姜姓部族的領袖。周公東征成功後，姜太公被封在今天的山東營丘，但其實山東營丘附近並不是周人所控制的。換言之，雖然周王承認姜太公在這個區域內的統治權，但姜太公仍須自行憑藉武力去占領當地。關於姜太公進入營丘地區的情形，史書上說他們是「夜衣而行，黎明而至」，亦即軍隊以黎明前的夜色為掩護，偷襲營丘。結果營丘地區的舊部族領袖萊侯與入侵的姜太公作戰，姜太公獲勝後，才在營丘建立起齊國，周人的勢力也才在此確立起來。所謂「周封建」的過程，就是在周公東征後，周人一波又一波的殖民運動，他們以武力征服原來住在當地的統治者，而成為新的統治者。這一類的大規模殖民戰爭在成王、康王時期（約西元前 1115–1053 年）達到高峰，而持續到西周中期的懿王時期（約西元前 1001–947 年）。此後，周人到東方殖民作戰才稍告停止，周的歷史也進入另一個紀元（圖七）。

「周禮」的成立

孔子曾以不再夢見周公來證明自己已漸老邁。孔子一生遑遑栖栖，就是希望能達成周公的政治理想，這種政治理想就是「周禮」。傳統的學者多說周禮是周公所創作，這是需要特別說明的。如果學者指的周禮是周代的禮制，則周公無疑是最重要的創立者。但若指的是十三經之一的《周禮》，或稱作《周官》，那便不是周公的創作，而是戰國以後的著作。

周禮的成立可以大分為三個階段，第一個階段是西周初年，以周公為首的統治集團所主導的草創期。第二個階段為西周中期，是周代禮制的奠立期。第三個階段是春秋時期，孔子將周禮理論化。有關孔子的部分，我們留待第二節討論，這裡只說明第一、二部分。

周武王滅商，即使不是僥倖，也有些意外。因為周人與殷商之間的實力懸殊，因此周人必須對於勝利作出一番解釋，以說服東方的殷人及其部族心悅誠服的接受統治，於是周公提出了天命的理論。「小邦周」之所以能滅掉「大邑商」，是因為上帝的協助。上帝願意站在周文王、武王

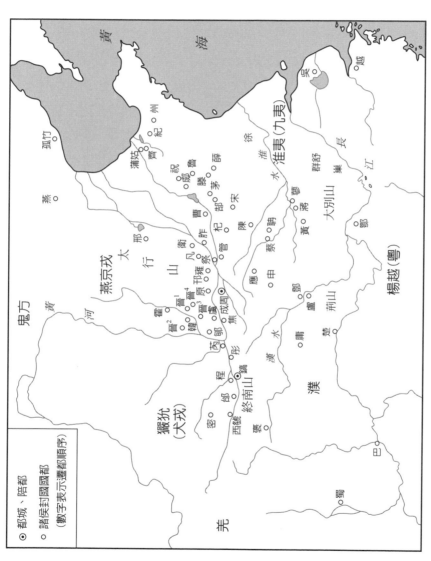

圖七　西周形勢圖

這一邊，帶領軍隊與殷商作戰，因為文、武王是受「天命」，作為上帝在人間的代表。但是如果周公的理論僅止於天命觀，仍然只是一種原始神權的觀念。然而，周公的天命觀有二點突破。一，在殷商時代並沒有所謂共同上帝存在。殷商的上帝只是殷人的部落神。因為殷人是人間的共主，所以他們的部落神也是天庭的上帝。周人則認為上帝只有一個，而且是超越各部落的，他不是專屬任何一個部族的保護者。因此上帝才會唾棄商紂而選擇了周文王、武王。二，上帝為何會選擇文、武王呢？即上帝喜惡的標準何在？普遍的上帝應該有一個普遍的原理，周公說這個原理就是「德」，周文王、武王受天命是因為他們有「德」。於是有德者受天命，而為人間至高統治者的觀念，貫穿此後三千年。中國人間的最高帝王也因此稱作「天子」。

周公的這套理念不只是對殷商遺民的宣傳品，周人本身也深信與奉行。周公三番兩次的告誡周人，上帝如果是因為文、武王之德而選上了周人為天下之主，也會因為周人的喪德而放棄周人，另選他族，正如同當年上帝遺棄了夏桀，另選商湯為天下共主一般，此即所謂「殷鑑不遠」。周初的統治集團發展出「天命靡常」的想法，即天命不是永遠在某人、某姓身上。統治集團要永保天命的方法，就是無時無刻不戒慎恐懼，作「敬德」的功夫。我們可以相信此後的周人是在實踐這套想法。但是敬德是一套抽象的理念，如何實踐呢？尤其是後代的子孫沒有周文王、武王的天賦資質。因此周公創設「周禮」，建立起敬與德的客觀具體法則。這套法則就是實際上的生活規範，就是我們所說的「禮儀」。後代的統治者只要切實的遵守這套禮儀規範，就是敬德的表現。

周公對於周禮的最大貢獻在於建立起禮儀的觀念，但如果我們說周代的禮制是由周公所創立的，則言過其實。西周的前半期，周的統治集團無不忙於征服與殖民的戰爭，不可能有太多的時間來從事禮儀文化的建設，這個時候的周人貴族的形象是「赳赳武夫」。這一直要等到西周中期，大規模的戰事停止之後，周的貴族才開始從事禮儀文化的工作，才有孔子所說的「文質彬彬」的君子出現。

在西周中期，周禮的規模大致建立起來。這包括諸多朝廷的禮儀，如周王如何與貴族相見，貴族如何朝覲周王，周王如何冊封貴族，如何在朝廷上宴飲，參加禮儀的人應如何穿戴等，這一切過程都用一套繁瑣的儀式加以固定化與神聖化。我們可以想像這一套用在朝廷中的禮儀，很快成為貴族們日常生活的準則。周貴族也以能夠執行禮儀為榮，並認為這種能力是他們成為統治者的理由，換言之，禮儀成為身分的象徵。隨著時間的演進，這套禮儀也日趨繁瑣與形式化，所以有所謂「禮儀三百，威儀三千」的說法。周貴族的禮儀範本還保留在《禮記》的〈曲禮〉。周貴族所發展出來的禮儀，有些已到了矯揉造作的地步。如〈曲禮〉規定，由庭升堂，若由東邊的階梯上去，先踩右腳；由西邊的階梯上去，先踩左腳。因此，到了孔子以後，中國知識分子對此有進一步的反省。

封建與宗法

由商代到西周，中國的國家型態也由「城市國家聯盟」演進到「封建國家」的階段。兩者的不同之一，在於封建國家時期，各國之間有了明顯的等級，這種等級表示國家的主人在統治集團中的地位。傳統史家談到周封建的貴族身分制度，一定會提到「五等爵」。所謂五等爵，通說是指諸侯的五個等級，即公侯伯子男。諸侯之下，又可以分為卿大夫、士等貴族階級，貴族之下另有庶民與奴隸。周王所分封的諸國，有公侯伯子男的等級，公國的地位高於侯國，侯國高於伯國，依此類推。現代歷史學家多不相信當時存在如此井然的秩序，但五等爵說也非完全捏造，當時的天下諸侯之間是存在著一定的身分秩序。因為隨著周王權力的擴張，各國之間關係的日益密切，各國領袖參加周王的會議，或彼此聘問、會盟的情形十分普遍，眾人齊聚一堂，一定會有尊卑先後。這種次序的依據就是「爵」。從城市國家聯盟發展到周代的封建國家，兩者不同之處在於封建國家的時代，列國依照各國與周天子的親疏遠近，彼此之間有了尊卑上下的等級。

周人統治者一方面散居各處，建立自己的國家。但另一方面，他們

也必須要組織成為一個團體。於是有「宗法」制度的出現。宗法制度的主要目的是要聯繫周的統治集團，並維護統治集團內部的秩序。

宗法或可以稱作宗族組織法。宗的原義是廟，即宗廟。宗廟是統治權力世代延續的象徵。周天子對於諸侯之所以擁有支配權力，因為他是周族的族長，也是天子宗廟的主人。族長的權力象徵就是只有他能主持宗廟內的祭祀，其他人只能陪祭。只有天子的宗廟可以祭祀周人始祖以下的歷代周王，故是大宗廟，稱作「大宗」。現任的周王具有宗廟主人的身分，也稱為大宗。相對於周王的宗廟，其他的宗廟都是「小宗」，身為宗廟主人的貴族也是小宗。

同樣的，各國的國君在本國內，負責主持諸侯的宗廟，祭祀本國創始的君主以下的歷代國君，也是「大宗」。相對於此，本國內其他貴族必須參加諸侯宗廟的祭祀，但只能陪祭。另一方面，這些貴族的宗廟不能祭祀本國的始祖，故也是「小宗」。

總而言之，這套看似繁瑣的宗法制度，它的目的是在維繫統治集團的團結，而方法是靠宗族的紐帶關係，古語叫做「收族」。另一方面，它也辨別統治集團成員的身分關係，上下不得踰越。而這套制度利用當時人尊敬祖先與遵守宗廟禮儀的傳統習俗，將它轉化為服從現任統治者的體制。

封建制度的特色是分權。雖然在理論上，全中國的土地與人民都屬於周王，而且獲眾人認可，但這只具有形式上的意義。在實際運作上，周王只不過是最高級的貴族，或者說是貴族團體的首席。各級的貴族在各自的勢力範圍內，仍擁有相當大的自主權。在封建城市國家的時代，貴族的實力是來自他們所擁有的采邑。貴族可以自由的處分采邑內各種資源，不受上級貴族的管轄。貴族的生計也是來自世襲的采邑，而非從上級貴族處領薪水。依照封建體制，不只采邑可以世襲，官職、爵位都可以世襲，這種制度稱作「世爵」、「世官」、「世祿」。周王是不能任意干涉這種體制的。

城市國家的實況

　　周人建立殖民地後的第一件事是築城。因為殖民地的四周都是懷抱敵意的異族，而周人統治者又是少數民族，所以必須築城自保。這種築城建立基地的工作，當時稱作「建國」。國的原始意義就是一個以城牆圍起來的聚落，裡頭住的是一個軍事集團。這可以由國字的造字原理看出（圖八）。

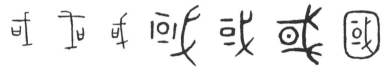

圖八　甲骨文、金文中的「國」字　左起三字為甲骨文，第四字起為金文。

　　一般而言，城內住的是統治者，城外住的是被統治者。城內稱作「國」，其居民稱作「國人」。城外泛稱為「野」，住的是「野人」。國人基本上是貴族，包括身為征服者的周人以及當地原來的統治者。野人則是世代以來居住在此的居民，屬於各自的農莊聚落。這些野上面的聚落，稱作「邑」或「社」。在西周時期，聚落是以三、四十戶為常態。這些聚落屬於各級貴族，或天子，或諸侯，或卿大夫、士。

　　國人生活的資源靠野人提供。野人是政治上的被支配者，經濟上的被剝削者。《詩經》的〈豳風・七月〉是野人生活的最佳寫照。農民必須辛勤生產，卻不能保有生產所得，悉數都得送到貴族的倉庫。農作物收成後，農民也不得休息，必須立刻為貴族服勞役，如白天修理宮室，晚上為領主編繩子。即使在十二月的寒天，也必須為主人鑿冰，擺在地窖中，以便明年夏天供貴族享用。貴族對於服事他的農夫唯一報答，是在年末時，請農夫到家裡來大吃一頓。

政治與文化勢力的擴張

　　西周政權是以夏商以來的中國腹地為核心，向外發展。對於北方，

西周採取守勢。對於南方，周人則積極的進攻，並贏得了許多勝利。昭王（在位約西元前 1052–1002 年）曾親自南征，一去不返，淹死在漢水上。周穆王（在位約西元前 1001–947 年）之後，周人征服了淮水流域一帶的淮夷，使周人的勢力到達長江邊。

在西周時期，農耕民族與游牧民族對峙的局面已初步形成。周文化代表中國中原地區的農業文明。但另一方面，中原北方的游牧民族的勢力也日益強大。周人的文化勢力不能越過長城一線。周文化與南方的交往則日益密切。周文化對南方的楚文化有重大的影響。但總體而言，西周文化只出現在南方的特定地區，有如汪洋中的孤島。具有地方特色的文化仍是南方的主流文化，這從南方所出土的青銅器可見一斑。南方的青銅文化不同於西周，有濃厚的地方色彩。總之，在西周時期，中原文明雖多少刺激了四周的鄰近地區的文化發展，但終究不能取代地方文化。這些鄰近地區得以保持自主性與活力，進一步發展出各具特色的文化。於是，在春秋戰國時期，北有燕趙秦，南有楚吳越的崛起。

西周的衰亡

西周政權在西周後期所面臨的危機，可以分為下面幾項。首先是外族的威脅，主要是來自西北方。這個時期，西北方外族的勢力已經直逼宗周，戎人的聚落已深入內地。根據傳統的說法，西周的滅亡極為戲劇化，是因為西周末代天子幽王為討好愛妾褒姒，得罪了皇后申后之父申侯。申侯遂與西北的外族犬戎聯兵攻下鎬京，幽王兵敗被殺。無論這個說法是否為史實，尤其是幽王舉烽火為博美人一笑的細節，實有待商榷，但西周確實是直接亡於犬戎的入侵。

可是事情沒有那麼單純。周王的勢力原本在犬戎退兵後，可以重新回到宗周鎬京，可是新繼位的周平王卻選擇東遷，以洛陽為新都。這一方面顯示了鎬京的殘敗，也反映出東都洛陽的繁盛。周人長期對南方用兵，洛陽成為指揮的中樞，南方的大量財富也聚積在洛陽。其實在西周末年，洛陽已逐漸取代鎬京成為西周的政治中心。反觀鎬京，一方面受

到外族的長期威脅，另一方面，鎬京及其附近的貴族，因為長期以來的發展，自身擁有的土地等資源漸不敷使用，因此競相對外大肆擴張土地，進而產生彼此爭奪的情形，更不接受周王的約束，甚至不理會封建的秩序。在西周後期，也出現了社會階層的升降現象。一些舊貴族凋零，另一些新興的勢力興起。在陝西岐山出土的一批銅器，其銘文記載一位舊貴族矩伯，向另一位掌管製皮件的小官裘衛借貸的情形。矩伯用來交換的物品是田地。這次交易也看出周室的大臣竟然窮困不堪，為了獲得充場面用的衣飾、車馬等，不惜拿田地與人交換。這種階層升降的趨勢，將愈演愈烈，而導致春秋、戰國時期的歷史大變局。

　　貴族的競相兼併土地、人民，自然影響到周王的權利。周王與貴族也產生嚴重的磨擦。在周厲王（在位約西元前 878–842 年）的時代，厲王因為與貴族鬥爭失敗，遭到放逐，由貴族集團執政，號為「共和」。在這個時期，周王在宗周的處境，是內有領主割據，外有外族威脅，傳統的封建秩序也在崩潰中。在幽王時代，宗周附近發生一場毀滅性的大地震，據說河流因此堵塞，「高岸為谷，深谷為陵」，更造成經濟的崩潰，社會秩序大亂。西周末年，宗周的亂象已使人心惶惶，不待犬戎來攻。西周的滅亡，東周的登上舞臺，一場大變局正迎面而來。

第二節　春秋戰國時期的變局

中國歷史上的「突破期」

　　人類的古文明如希臘、以色列、印度和中國，在西元前一千年之內，不約而同的進入了「突破期」。尤其在西元前五世紀到七世紀之間，這些文明都出現了決定性的哲學思想與偉大的思想家，影響後代深遠。希臘有蘇格拉底 (Socrates)、柏拉圖 (Plato) 與亞里斯多德 (Aristotle)。這批希臘哲人奠立了今天西方理性認知的文化基礎。以色列則是處在「先知運動」的階段，而有《舊約》的誕生。這批猶太先知們奠定了其後基督教

思想的基礎，而基督教文明與上述的希臘文明正是西方文化的最主要因子。印度則出現了釋迦牟尼，創設佛教，其影響力是我們可以直接感受到的。而這個時期的中國正是孔子的時代，孔子學說對於中國甚至東亞的重要性，不待深辯，本書也會介紹。人類在歷經農業革命以來，文明不斷的開展，然而瓶頸也逐漸出現。凡是能夠有新的突破的文明，將繼續主導人類的前途，否則將成為歷史的陳跡。中國無疑是其中成功的例子。

春秋、戰國時期是中國史上的大變局，也是一個突破期，一個新時代正在來臨。伴隨著思想上的突破，各種學派正在興起，政治社會的結構也出現了明顯的變遷。這種變局，傳統學者稱之為「禮壞樂崩」，或「從封建到郡縣」。

周室王權的衰弱

周幽王時期，犬戎攻入鎬京，周平王與一大批貴族倉皇東遷。這對於周的王室是相當大的打擊。但是東周時期王權的衰弱，並不能完全歸咎於犬戎的入侵。在西周後期，封建的體制已經出現了解體的現象。我們在上一節提到周封建是一種武裝殖民。從周公東征勝利之後，周人大規模到東方殖民。周人的軍隊占領根據地後，首先築城，然後再以城為基地，一步步併吞鄰近的小國或部族。這種逐步向外征服的過程，可能要花上幾百年。在春秋以前，戰爭大多發生於周人與異姓之間。周人的各國之間尚能和平相處。各諸侯共同尊崇周王，依照封建禮法決定彼此的尊卑等級。但到了春秋以後，各國的勢力已經開始碰頭，疆域也有了接觸（圖九）。周王的諸侯們為了爭奪土地資源，戰爭已無可避免。而且戰爭的型態已由國人與野人的戰爭轉換為列國的交相征伐。於是原本基於宗法原理的周封建，轉換成為基於實力的軍國主義。各國的地位與諸侯的身分不再基於他們與周王的關係，而是由實力來決定。周王的地位也不得不低下，最後周終於淪為諸國中的一個二三流的國家。

由以下四次事件，可以看出周天子權威的喪失。第一件是，周平王

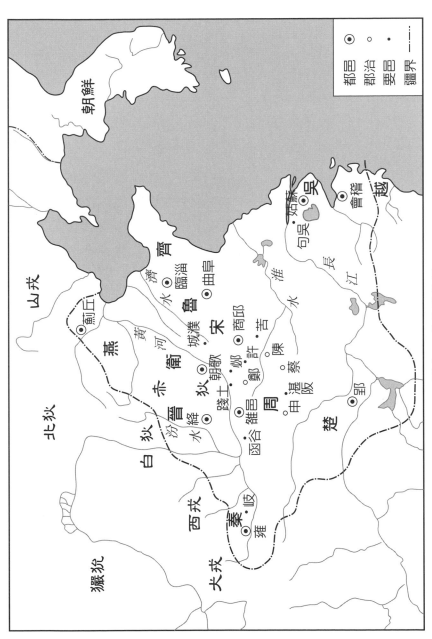

圖九 春秋形勢圖

東遷，得力於鄭國的協助，因此鄭國的國君得以在平王的朝廷，主宰朝政。鄭莊公（在位西元前 743–701 年）時，鄭人侵入周的領地，奪取穀物。第二件是，周平王為了取信於鄭莊公，還將王子狐送到鄭國為人質，而鄭莊公也送鄭公子忽給周王作為人質。這個事件，史稱「周鄭交質」。周鄭兩國不復是上下關係，儼然敵國。第三件是，西元前 712 年，周桓王不顧鄭國的態度，下令鄭與周互換一部分土地。鄭莊公在憤怒之下，停止對王室的朝觀。周桓王為懲罰鄭國，在西元前 707 年，率一支諸國聯軍，親征鄭國，是為繻葛（河南長葛）之戰。周鄭兵刃相見，桓王肩部中箭，王師敗績。事後鄭國卻沒有受到應有的制裁。第四件是，晉文公（在位西元前 636–628 年）召周襄王前往會面。這種嚴重違禮的事件，史家只好記說周襄王前往晉國打獵。

周王的權威只保留在宗教禮儀上。在春秋時期，諸國會盟，仍要進行一些尊王的儀節，以示對於周禮的尊重。但周王的權威也僅止於此而已。

諸國君主地位的下降

周王權威的喪失只不過是周封建崩潰歷程的一環。各諸侯在自己的國內也受到下層的卿大夫集團的挑戰，如同周王不能約束諸侯一般，諸侯也不能約束其下的卿大夫。如春秋時期，國氏、高氏二族長期擔任齊國的上卿，負責齊的國政。其後崔氏與慶氏得勢，壓倒國、高二氏。崔杼弒齊莊公更是有名的歷史事件。其後陳氏又取代了崔氏，最後篡位，成為齊國的國君。西周以來由姜太公一脈相傳的齊國原有政權於是滅絕。

春秋的魯國由季孫氏、孟孫氏與叔孫氏的「三桓」執政。三桓的稱呼來自這三族皆出自魯桓公。這三家公然將原本屬於國君的國人，轉變成各自的私屬。

晉國的政權也落入六卿的手中，即晉國內的六個主要家族。這六個家族再鬥爭，最後晉國的土地為韓、趙、魏三家所有，史稱「三家分晉」。

總之，春秋戰國時期的歷史變動，其最具體的表徵，便是各國卿大

夫集團的勢力已凌駕在國君之上。春秋中期以下，諸國的政治實權由諸侯之手轉移到卿大夫。各國卿大夫集團之間又有激烈的鬥爭，權力再集中在少數的大家族手中。最後，新的君主就產生了，如戰國時代齊國的田（陳）氏、晉國的韓、趙、魏三家。在此同時，掌權的卿大夫必須離開領地，定居國都，於是將領地交給其下的家臣、邑宰管理。這批相當於士階層的家臣、邑宰，實際上掌握了卿大夫家的實權。這種下剋上的現象，是封建秩序解體的表現。

士階層的興起

春秋、戰國時期，社會階層發生劇烈的變動。西周時期的尊卑上下秩序，逐漸解體。舊有的統治階層崩潰，新興的階層日益茁壯。史學家用「貴族陵夷」、「平民崛起」來形容這場變動。我們可以分幾方面來看這場變動。

首先是士階層的興起。士是封建貴族中最下面的等級。按照傳統的說法，大夫以上的貴族擁有封土與人民，士則只有采邑，沒有政權。周貴族集團隨著時間的演進，人數必然激增，也不是所有人都能夠受封，因此可以想像的，多數貴族後代的身分是介於貴族與庶人之間。再者，歷經了春秋、戰國時期的政爭，貴族自相殘殺的結果，大批的貴族失勢，多淪為士或庶人，甚至是奴隸。在這些條件下，士階層的人數激增。孔子的得意弟子顏回的祖先曾歷任魯國的卿大夫，到顏回的祖父已是邑宰，大約已相當於士階層了。顏回本身更是一介貧士。

士的另一來源是由庶人晉升而來。約在春秋晚期開始，庶人上升為士已不是特例。戰國時期之人已經將這種現象視為常態。春秋晚期以來，由士、農、工、商所組成的「四民社會」成立。亦即此後庶民社會是由士、農、工、商四種人民所組成。這時候的士已不是下層的貴族，而是一種新的身分，是最高級的庶民。士是有學問的知識分子，他們沒有固定的主人，也沒有固定的職位，所以被稱作「游士」。然而，他們卻是新時代的主導者。

一個階層的興起，除了要有客觀的條件之外，還要有主觀的階層意識。士之為士，表現在他們有清楚的文化淵源與精神風貌，這也是後代的士大夫精神的源頭。士大夫意識的最重要來源無疑是孔子的理念。在春秋中期，士階層剛萌芽時，士的出路多是投靠貴族之家，作貴族的家臣。有名的例子如孔子的學生子路曾為魯國季氏的家臣。但孔子認為士所應該堅持的是理念，懷有理想主義的精神，為整體的社會人群盡力，而不是為一家一姓效忠。用孔子的話來說，是「士志於道」。對此，戰國時期的孟子有進一步的闡揚。有人問孟子，士應該作什麼事，他說：「尚志。」何謂尚志，孟子解釋：「仁義而已矣。」士不應該只為私人效忠，而是要讓仁義在人間實現。儒家理想中的士人必須以道德為內在的根本，知識為外在的憑藉，並以政治為途徑，改造這個世界。

小農階級的出現

秦漢以來，中國農民的主要型態是小農。所謂小農是指耕作者在一小塊土地上獨立耕作，耕作的單位通常是一個小家庭。小農又可以區分為自耕農與佃農。自耕農必須將生產所得的部分繳交給國家，佃農則必須繳交部分所得給地主。由於大部分農民皆屬小農，因此傳統中國的農業經濟也被稱作小農經濟 ❷。

小農階級的出現可以上溯到春秋、戰國的變動，尤其是戰國以後。在此之前，農民是生活在農莊當中，每個農莊可能是一個氏族，而隸屬某個貴族。農民必須忍受貴族對他們的經濟剝削，但氏族內部卻是平等、互助與親密，而耕作方式則是集體耕作。

春秋、戰國以後，農業技術有了長足的進展，包括灌溉技術的發明，牛耕的日益普及，與鐵農具的使用。因此「精耕細作」的農業逐漸成型，

---

❷ 傳統中國（約自秦漢至明清）的主要生產者是本書所謂的「小農」，但小農的性質甚至此一名稱，皆是學界的大爭論。有關幾個主要的學派的概說可參考黃宗智《華北小農經濟與社會變遷》（臺北，谷風出版社，民六十七）第一章〈探討的問題〉。

而成為此後中國農業的主要型態。所謂精耕細作，是指農民在單位面積的農地上必須投入大量的勞動力，而且必須要有較高的耕作技術。在這種農業條件下，農業要能順利推展，農民必須要有相當大的耕作動機。最大的耕作動機自然是農民可以完全擁有耕作所得。因此，集體耕作與奴隸生產都是不適宜精耕細作的農業。這也是為什麼中國的農民以自耕農及佃農的小農為主的原因。

春秋、戰國時代，農民逐漸希望自己擁有一塊土地耕作。孟子就是這種呼聲的代言人。孔子以來儒家提倡仁政，仁政為何？孟子認為「必自（正）經界始」。即當政者能夠確立農民的農地範圍，也就是給農民一塊確定的農地，此即仁政。孟子又說有恆產者有恆心，用今天的話來說，農民有了一塊塊固定土地之後，就會有充分的耕作意願。

精耕細作的農業型態出現後，由於其他社會經濟條件的配合，使小農經濟得以延續下來。在春秋、戰國以前，農民的聚落主要是在河邊的臺地、山丘，而不在河邊的平原，主要是因為河邊的低地多是沼澤地，無法開發利用。然而隨著水利灌溉技術的改進，尤其是排水技術的使用，沼澤地的鹽分得以經過水渠排放，沼澤始成為良田。這項農業技術的突破，配合人口的壓力，使得許多原本世居在氏族團體內的農民開始以家為單位，移入新開發的土地。

春秋、戰國時代是一個列國競爭的時代，各國為了厚植國力，無不鼓勵農民前往新開發的地區墾殖。這種政策被稱為「徙民」。其中最成功的例子是戰國時期秦國商鞅的「開阡陌」政策。秦國用賦役減免的優惠辦法，鼓勵農民向外開墾。另一方面也配合戶籍管理的政策，要求一個家庭在兒子結婚後，不可與父母同居，稱作「分異之法」。這迫使已成家的農夫帶領妻兒，向外移民。這也使得氏族解體，一個以小家庭為單位的社會於焉出現。

諸子百家的登場

西周時期的封建貴族有一套教育的方式，稱作「六藝」，即禮、樂、

射、御、書、數。禮樂是用以培養一位文質彬彬的君子。射御是軍事訓練，其目的在培養貴族軍隊。書數的教育是在訓練行政的技能。這一套文武兼修的課程，又被稱作「王官之學」。這套「王官之學」也有教科書，如政府檔案選編、民間詩歌選輯、禮儀範本等。這些教科書在春秋中期，經過孔子的刪修，如將政府檔案、公文書編成《書》（也稱為《尚書》），詩歌集編為《詩》。孔子也將魯國政府所存的歷史紀錄，編修為《春秋》，這本書也被認為是中國的第一本歷史著作。這些「王官之學」，經過孔子的編訂，成為其後「百家之言」的知識基礎，亦即中國知識分子的共通教材。

　　春秋以後，貴族制度日趨鬆垮，舊有的貴族學問開始動搖，貴族當中已多有不知禮樂為何物之人，傳統史家稱之為「禮壞樂崩」。但在此同時，原屬於貴族專利的知識卻也逐漸普及化，一般的士階層都可以學習。又有像孔子這一類的教育家，秉持「有教無類」的理想，將古代貴族所獨占的詩書禮樂散播到民間。於是「王官之學」轉換為百家之言，士取代了舊有的封建貴族，成為中國文化的承擔者。在封建時期，有所謂「禮不下庶人」的觀念，即庶人沒有實行禮儀的權利與能力。但隨著王官之學的普及，上層社會的禮儀一步步的普及到民間。從春秋中期一直到戰國時期，各種思潮紛紛出籠，史稱「百家爭鳴」，這段期間也是中國思想史上最璀璨的時期之一。

　　這個時期所形成的思想中，影響後代最大的應推儒家、法家與道家❸。儒道法三家都是春秋戰國亂世中的產物，它們共同面對封建城市國家體制的崩潰，都希望在亂世當中找到一條新的出路。因此，這段期間中國哲學思想的突破，不同於希臘、以色列與印度。中國的思想家將注意力集中在如何建立一個合理的政治社會，人與人之間的關係為何，

---

❸　這個時期重要的學派應再加上陰陽家。大體而言，陰陽家的思想來源可上溯到戰國晚年的鄒衍。在西漢前期董仲舒之後，逐漸與儒家合流。於是原屬於陰陽家的「五行說」、「讖緯」、「符命」，便深刻的影響了此後中國的政治制度與民間信仰。但由於與本書的主軸較無關聯，故略去不論。

人與群體的關係為何。不像以色列與印度哲學多在反省人與神的關係，希臘哲學則重在人與自然規律的關係。這個時期中國哲學所建立起的方向，奠定了中國哲學「人文關懷」的特色。中國傳統是一個以人為本的文化。以下我們大略討論這三家的思想。

1. 道家的哲學

　　春秋、戰國時期各國熱衷改革，使得政治組織日益龐大複雜。政治勢力日漸延伸到社會的每個角落。道家對於這種發展深惡痛絕。其代表人物是春秋時期的老子與戰國中期的莊子。老子認為亂世的原因不在於制度不好，而在於制度本身就是亂源。所以人類應該根本拋棄制度，放棄精緻的文化，重新生活在孤立的農莊中。所謂「鄰國相望，雞犬相聞，民至老死不相往來」，便是老子的理想社會。現實的環境卻正好相反，國家機構在膨脹，社會組織在擴張，舊有的氏族卻在分解中。對於新時代的發展，老子哲學是無能為力的，充其量只是一種浪漫的抗議。但是老子的「無為」哲學成了往後中國人對於暴君苛政最微妙且最嚴屬的譴責。

　　莊子所面對的是一個更殘酷的世界，各國的統治集團為爭奪名利，彼此砍殺。人民不是死在戰場中，就是因逃亡而轉死溝壑。如果人間的紛擾並不是一時的偶然現象，而是文明的本質，我們應該跳開政治社會的問題，而去思考如何在現實生活中保持心靈的超越，作逍遙之遊。當世之人競逐名利，實是庸人自擾。莊子認為世界上一切事物皆無差別，無所謂得失，也無所謂成功失敗。莊子的哲學對後代的隱逸思想有極深刻的影響，而隱逸思想對於中國的美學與藝術的發展則起了很大的作用。

2. 儒家的政治社會主張

　　儒家對於春秋、戰國的變局也是極為不滿。儒家認為歷史是退化的，時間愈往後，人類愈退步。但在退化的過程中，儒者有義務以知識與道德，為生民創造一個合理的生存條件，並維繫人文精神於不墜。孔子一生最崇拜周公，他認為周公就是這樣一位聖人。在孔子心目中，政治的最高典範是「天下為公」。但自從夏禹傳子，開啟了「家天下」的局面之後，大同世界的境界已一去不返。原本政治權力是人民的公器，如今卻

成為私人的家產，也成為鬥爭的目的。聖人看到這種現象，於是發明了禮，用它來規範政治社會。由於周公對禮的創作最有貢獻，因此孔子一生遑遑栖栖，所追求的就是要繼承周公的志業。面對這個亂世，孔子主張重建封建的秩序。

孔子並不是想保留周封建的殘骸，而是想創造合理的政治秩序。儒家理想當中的封建制，是由最高的統治者到一般的人民，都以禮來規定他們的身分。對於孔子而言，禮不是那些儀式與器物，禮是「名分」。每個人都有各種名，如天子、諸侯、大夫、士與庶人，或者君、臣、父、子、夫、妻等。每個人必須依照他的名扮演各自的角色，然後「安分」。分就是名所蘊涵的義務，如孝是子當盡之分，忠是臣當盡之分。一個政治社會要有秩序，就是每個人依其名，安其分。一般的平民須如此，統治者更必須要作為表率。這種政治的理想，我們稱之為「禮治」。孔子心目中的封建就是禮治的實踐。

孔子在面對春秋時期政治的敗壞，提出了「仁政」的學說。仁政是一種「道德政治」，它要求統治者必須先具備道德的修養，才有資格行使統治權。相對的，政治的目的也是要使道德落實在人間。這個過程儒家稱作「內聖外王」。質言之，孔子主張政治必須與道德結合，以及成德的君子當為政治領袖，這些想法影響中國政治的發展十分深遠。

孔子之後，先秦儒家的代表人物是戰國中期的孟子。孟子在孔子仁政觀念的基礎上，進一步提出他的學說。孔子認為只要在上位者是有道德的君子，以身作則，那麼在下位的人民就會效法而成為君子。孟子進一步解釋為什麼孔子的想法可能實現。因為人性皆有向善的可能，此即孟子著名「性善」說。人的心中都有善的種子，我們想要讓它發芽而不是枯死，除了人要有自覺外，另一方面必須要有一個好的環境讓善的種子茁壯。而統治者便有義務為人民建設好的環境。基於對人性的尊重與信任，孟子主張政府的責任在於啟發人性善的本能。只要人民得到正確的教導，每個人都可以成德，因此孟子才認為人皆可以成為堯舜。

孟子也為抽象的仁政理想，定下了具體的內容，此即「井田」說。

在孟子的時代，周封建已無起死回生的希望。有理想的知識分子必須提供新的政治社會藍圖，孟子也不例外。井田制度是否存在於西周時期，學者之間頗有爭議。我們不介入這種論戰，但孟子的井田制度無疑是一種創新，是他為新時代所創設的新制度。首先，他主張每戶農民必須擁有一塊自有的土地，這是對仁政起碼的要求。孟子多次主張一戶農家必須要有一百畝田地，所謂「一夫百畝」。這種政府有義務提供農家百畝土地的想法，一直延續到唐朝中期均田制崩潰後才告消失。

其次，理想的井田社會不僅是人民在物質生活上得到保障，在精神上也成為一個有自主性且互助的社群。孟子曾這樣描述井田制的社會生活，曰：「鄉田同井，出入相友，守望相助，疾病相扶持，則百姓親睦。」聚落的成員彼此之間經濟地位平等，人格也是平等的。聚落內部沒有強凌弱、眾暴寡的情形，大家以年齡來決定尊卑上下，形成一個「長幼有序」的社會。

孟子之所以嚮往井田社會，正因為當時的統治者與法家正雷厲風行「什伍之制」。與孟子同時期的商鞅正在秦國變法，其中的一個主要項目即是什伍制。什伍制是仿照軍隊的編組方式，將鄰近的五戶或十戶編為一組，責令他們互相監視。若發現鄰居有不法，必須立刻告官，否則連坐。稍後將提到的睡虎地秦簡，可以證明什伍的組織的確存在於當時人民的日常生活中。法家認為什伍之制是管理人民的最好方法，一方面它可以發揮警察的功能，預防人民造反；另一方面它也是一種戶籍管理，統治者可以嚴格控制人力，不愁沒有賦役的來源。換言之，只要將人民編入什伍之中，統治者就可以高枕無憂。其實讓人民安定的生活在土地上，編組他們從事生產，在這個時代的確有其必要性，孟子的井田說也是辦法之一。但如果這種編組只是為了富國強兵，或遂行專制集權的企圖，卻是孟子所反對的。這也是仁政與暴政的區別。

3. 法家的政治學說

在戰國時期，各家思想中最得勢的是法家。法家的代表人物商鞅曾多次求見秦孝公。第一次商鞅對秦孝公說「帝道」，孝公一直打瞌睡。第

二次商鞅對孝公說「王道」，孝公雖然清醒，但沒什麼興趣。第三次商鞅說「霸道」，孝公不自覺的愈坐愈往前，兩人相談數日都不厭煩。所謂霸道是提高君主權力的方法。當時列國君主所熱衷的正是這套道理。

但是我們也不能說法家思想是完全沒有理論與理想性的。法家的政治主張源於對於人性的認識。法家認為人民是性惡，且無善的可能。人民也缺少求知的能力，不知道如何生活才能獲得真正的利益。因此法家認定國家的支配控制實屬必要與正當。愚昧的人民是無法瞭解國家的政策與統治者的用心，所以統治者不需要以道德教化人民，只要用嚴刑威嚇，用獎賞引誘即可。

根據這種理論，法家主張尊君與集權。法家主張賦與君主絕對的權力，以便君主能推動政務。尊君與集權的主張是要打破周封建的不合時宜。封建秩序是強調私人的關係，最主要是指血緣關係，如同族、同宗等。法家強調法，正是要打破封建宗法的私人關係，建立起政治領域中的公共規範，這個規範就是法。為了要讓法能夠順利被執行，所以要建立起國君的絕對權威，他的權力不受任何限制。但我們不能因此說法家主張暴君。法家也主張君主必須守法，君主只能代表自己的職位，代表法律，不能有私心。但如果君主一旦徇私時該如何，一旦不尊重法律時又該如何，法家也沒有答案。這是法家思想的嚴重弊端。

法家尊君與集權的主張適合當時時代的需求，故大受君主的歡迎。法家強調法的態度，也促成了法律的改革。法家的代表人物戰國初期的李悝（也作李克），撰有《法經》一書，成為戰國以後中國國家法的最重要來源。魏國首先使用《法經》，商鞅則將它攜入秦國，構成「秦律」的主要部分，以至漢律再承襲秦律。西元 1975 年在湖北省雲夢縣睡虎地發現一批竹簡，稱作「睡虎地秦簡」，其中多是戰國末年秦國的法律文書。這批竹簡的出土讓世人得以瞭解戰國時期秦國法律的驚人水準。也由此看出李悝、商鞅與另一位法家的代表人物韓非對於秦律的貢獻。總之，法家對於中國法典的編纂有極大的貢獻。

儒道法三家的學說共同對中國歷史產生重大的影響。法家學說直接

造成皇帝制度的出現，皇帝制度是秦漢以後二千多年中國的政體型態。
儒家思想從西漢中期以後，逐步成為中國最具支配性的意識型態，因此
有人稱呼傳統中國是「儒教國家」。道家思想對於政治社會組織的影響很
小，卻對中國的人生觀與藝術的發展貢獻極大。

第三節　皇帝制度的成立

列國的改革

在周封建逐步瓦解的過程中，一種新的政體出現，稱之為「皇帝制
度」。從秦始皇在西元前 221 年統一中國，一直到西元 1911 年清朝的末
代皇帝宣統下臺，這二千多年中國的政體就是在春秋戰國時逐步形成的
皇帝制度。皇帝制度的成立是走在周封建崩潰的軌跡上，它不是春秋戰
國時期少數幾個人設計出來的體制，當時沒有人能預見它將如何發展。
皇帝制度是錯綜複雜的歷史大環境下的產物，本節將介紹皇帝制度成立
的過程。

在上一節中，我們提到春秋中期以後，列國之間的戰爭日益激烈，
周封建的秩序開始崩潰。因此從這個時期以後，各國的統治者一方面為
了擴張實力，一方面也為了救亡圖存，紛紛展開改革的事業。在春秋時
期，以管仲輔佐齊桓公（在位西元前 685–643 年）最為著名。戰國時期，
各國更是積極變法。如魏文侯（在位西元前 445–396 年）任用李悝，實
行變法；秦孝公（在位西元前 361–338 年）採用商鞅的政策，都是變法
成功的例子。

任何政治運動的開展，都必須要有主觀與客觀的條件配合。就主觀
條件而言，當時統治者的主觀目的是要「富國強兵」，以應付攸關絕續存
亡的列國競爭，並能脫穎而出。客觀的條件則是劇烈的社會變動，包括
上一節所提到的小農階級的出現與氏族的解體，以及士階層的興起。

全民皆兵

富國強兵就是增加經濟力與軍事力，也就是盡可能的動員可以利用的人力與物力。就人力而言，國君必須徵募更多的兵源。就物力而言，國君必須要廣闢稅源，增加耕地。

當周天子的權威尚存，列國之間不發生戰爭的時候，國人是軍隊唯一的來源。當兵是身為統治集團的一種義務，也是一種榮譽。野人作為被鎮壓的對象，是沒有資格當兵的。春秋以來，國與國之間的戰爭日益激烈，兵源的補充成了嚴重的問題。另一方面，西周時期的車戰已不符合戰場上的需要，作戰的主力已由站在馬車的貴族武士轉變到步兵身上。這種以步兵為主力的軍隊陣容，由近年來陝西西安附近出土的秦始皇陵可一窺究竟（圖十）。

步戰需要大量的兵源。春秋中期齊桓公的軍隊只有兵車八百乘，戰士約二、三千人。而在戰國末年，各國動員作戰的人數竟高達一百五十萬人。在兵源的壓力下，各國只有開始徵召野人入伍，逐步實施全民皆兵的政策。當野人也可以加入軍隊，捍衛國家時，野人的權利也日漸提升，終至國人與野人的界限消失。對於國君而言，傳統的國人與野人現在都是平等的人民，歷史上稱作「齊民」。周封建的基礎在於統治集團的國人支配被統治者的野人，但普遍徵兵制的實施卻使得這個基礎崩潰。齊民社會日後更成為皇帝制度的重要一環。

戶籍制度的成立

就物力的徵收而言，可分為兩方面說明。一是建立賦役制度，二是鼓勵農民從事土地開墾。關於第二點，我們在上一節介紹小農階級的成立時，已經說明，不再重複。以下討論第一點。

賦役制度的建立帶動了許多制度的出現。首先，賦役制度的實施必須先有完善的戶籍制度。在西周時期，各級的貴族領有各自的采邑，互相不統屬，所以造成周天子沒有全中國的戶籍資料，各國的君主不知道

圖十　秦始皇陵兵馬俑

國內的人口數。春秋中期以後，各國逐步建立起戶籍制度。當時的人民以「戶」為單位被編入戶籍中，所以稱作「編戶」。

郡縣制的成立

　　戶籍制度的落實必須要有地方行政系統的配合，因此春秋中期以後，改革地方行政系統成為各國的當務之急。當時的改革方向有二，一是在中央與地方基層之間建立起層級的行政單位；二是將地方行政機關納入中央的官僚體系中，由國君統一指揮。

關於第一點，春秋中期以後，縣—鄉—里的地方行政系統逐漸形成。戰國中期以後，縣之上又設有郡。郡、縣、鄉、里四級制日後成為秦漢地方行政制度的主要規模。

郡、縣始建於春秋，但當時在行政層級上，兩者尚無明確的統屬關係。郡本是軍事要地或者新開闢的邊僻地區。郡的長官稱作守，含有守禦、守土的意思。春秋、戰國期間，諸國戰爭頻繁，許多小國或割土，或被征服。縣多設於新滅的小國或新占領地。無論是郡或縣，都含有濃厚的軍事統治性質，是執行國家命令的機構。郡縣必須直接聽命於中央政府，不像封建時期的貴族封地有相當大的自主權。戰國時，有些國家在軍事要地設郡以統轄數縣，如秦國在新占領地上設郡。等到秦國統一天下之後，郡縣制度普遍推廣到全中國，於是形成了此後兩千多年來中國地方行政組織的基本模式。

郡縣之下設有鄉里。由於封建貴族的沒落，國君逐漸併吞貴族采邑。這些在封建時代尚保有若干自主性的「邑」，紛紛被改作里，成為地方行政的最基層組織，且隸屬於代表國家權力的縣。而在行政區的縣與自然聚落的里間，又設「鄉」以為中介。

里以下更有什伍的編組，我們在前面介紹諸子百家的學術思想時曾經提及。中央政府可以透過什伍的組織，配合戶籍的管理與連坐的實施，確實掌握基層的人民。

關於第二點，戰國中期以後，郡縣長官不再世襲，而由中央政府派任。中央政府並擁有考核、罷免郡縣長官的權利。在秦國，這種改革開始於商鞅變法。秦統一天下以後，這套制度更推行到整個中國。兩千多年來，縣以上的地方行政長官都由中央政府派任，代表國家的權力。不過在中國歷史上，鄉里社會還是具有一定的自主性，可以由地方上的社會領袖出任鄉里的長官。

郡縣制度取代封建是中國歷史的一大變革，傳統的學者早有這種認識，所以他們概括春秋戰國的歷史變動為「從封建到郡縣」。封建與郡縣孰優孰劣，也一直是歷史上爭議不休的課題。無論如何，就史實而言，

秦始皇建立郡縣制的目的是要貫徹中央集權，於是郡縣成為國家控制社會的工具。從睡虎地秦簡的法律文書中，可以看到戰國後期的秦人在占領地上，派遣秦人為地方官，利用郡縣的組織配合軍事力量鎮壓當地的社會。秦國並強迫被占領的人民以秦國的法律作為價值標準，凡是不合乎秦國法律的風俗習慣，地方官皆有責任予以取締。這就是歷史所說的「以法為教」。

官僚制的形成

官僚制是隨著戰國時代的變法改革而出現的新制度。它不同於封建貴族的世襲制度，如世官、世爵、世祿等，官僚制下的官員有一定的任期與職等。新的官僚不再擁有封地與采邑，而是從君主那裡領取薪水，稱作俸祿。他們與君主之間也出現新的君臣關係，不是過去的宗法關係。

春秋戰國以來，各國紛紛展開改革運動。國君進行改革的目的在於強化軍備與增加賦役收入。但是這些改革必然增加人民的負擔，也引起人民的不滿，包括貴族在內。於是就有一些貴族起來誅殺國君，導致政爭不斷。國君在改革的過程中，既得不到舊貴族的支持，而舊貴族也不值得信任，況且改革是要由具有新思想的人來領導，這項工作也多不是舊貴族能夠勝任的。因此國君希望用一批新人來協助變法。這種啟用新人的風潮，從後代的角度來看，是「尚賢」的表現，因為君主任用適合的人在適合的職位上。但從封建的觀點而言，國君任用私人是不合法的，它違反了世官、世爵、世祿的封建制度。況且這批私人多出身君主親近的家臣，他們原本的身分等同於君主的家內奴隸。現在這批奴隸既然可以因為君主的寵幸而上升為正式的官員，從封建禮法的角度來看，是嚴重不合體制的。春秋中期以後，士人也出任君主的家臣，並逐漸成為官僚的主要來源。國君甚至啟用外國的士人，稱作「客卿」。士人與君主的關係仍然保留了過去的主奴關係，只是從以往私的主奴關係，轉變成為公的君臣關係。

當官僚制逐步成型，國君可以任用他的自己人出任重要職位，並壓

抑世襲貴族。這批新的官僚之所以有權力與地位，完全是因為國君的賞識與提拔，所以他們效忠國君，接受國君的任何差遣。於是一個以國君為首領的中央集權國家就誕生了。

賦役制的實施

春秋以來，城市國家時代的氏族集體耕作制度逐漸瓦解。在春秋中葉，魯國已開始實施按畝課稅的辦法，史稱「初稅畝」。所謂按畝課稅，是指政府訂出每畝的稅額，按照農民實際耕作的面積來課稅。這意味著農民不再進行集體耕作，而是以家為單位。這也表示農民可以擁有一定的土地所有權。隨著小農經濟的成立，這種以家為耕作單位的情形更加普及，所以戰國初年以後，中原諸國也紛紛實施稅畝制。

自此之後，依畝課稅，並要求成年男子必須服力役（包括軍事任務），便成為此後中國人民的主要賦稅負擔。賦役制度能夠成立的前提，就是我們在前面所討論的戶籍制度、郡縣制度以及官僚制度的成立。國君可用這些制度為工具，直接支配每一個農民。

人民的呻吟

春秋戰國在中國歷史上是一個光明的時代，我們看到了諸子百家的思想大放異彩，各國的政治人物在政壇上合縱連橫，寫下了許多膾炙人口的故事。但這也是一個黑暗的時代，由於戰禍頻仍，一般的平民或死在戰場，或無法從事正常的生產。尤其戰國以後，小農階級與精耕細作的農耕型態出現，小農最需要的是安定的生活，他們必須要按照一定的時序整地、播種與收穫。如果中間的環節出一點問題，他們可能失去一整年的收成。可是為了戰爭的需要，統治者經常徵調他們服役，或加稅。

戰國前期的李悝曾對這個時期小農之家的經濟狀態，作了如下的描述。他說農民一戶有五口人，即所謂「五口之家」，擁有田地一百畝，種粟，一畝歲收一石半，一百畝可收成一百五十石粟。農家要繳交十分之一的所得給政府，即十五石為稅，剩一百三十五石。一家一年吃掉九十

石，剩四十五石。一石值三十錢，四十五石值一千三百五十錢。聚落的祭祀要花掉三百錢，剩一千零五十錢。一年的衣服錢要花掉一千五百錢，如此則透支四百五十錢。李悝說萬一農民遇到疾病死亡，或者政府臨時徵收賦役，則透支的情形更嚴重。然而這些事情又幾乎是一定會遇到的。在城市國家時代，農民多生活在氏族之中，雖然生活條件極差，但至少有氏族的保護。現在是獨立的農家，也是國家的「編戶齊民」，接受國家的支配。然而從國家獲得的卻是承擔不起的賦役。由此可以看出在小農階級剛出現之際，農民已面臨破產失業的威脅。

相對於農民的悲慘生活，貴族卻是極度奢侈，他們的享受都來自於民脂民膏。這種情形可以由孟子轉引的這句話：「庖有肥肉，廄有肥馬，民有饑色，野有餓莩」來說明。

在春秋戰國時，灌溉對於農業的重要性日增。可是在列國對立的狀態下，各國為了各自的利益，無法協調水利設施的開發與使用。在天旱時彼此爭奪水利，在多水時則放水淹沒鄰國，所謂「以鄰為壑」。在這種各國為了戰略的需求不惜犧牲民命的情況下，倒楣的也是農民。因此農民希望打破分裂的局面，建立起統一集權的國家，可謂其心甚殷。

另一方面，在周封建的時代，農民活在氏族當中，他們的生活雖然卑微貧窮，然而一旦遭遇到生活上的急難，氏族可以從旁協助。現在氏族解體了，農民一旦面臨困難，經常求救無門。因此，農民期望有一個強而有力的政府出現，政府能夠出面組織、保護孤立的農民。

戰國之所以稱為戰國，是以戰爭的頻繁與殘酷聞名。戰國中期以後的一百八十年間（西元前 400–221 年），大小戰役不可勝數，人命的死傷更無從估計。只從秦國所留下來的紀錄，秦軍在戰場上斬敵人首級的數字便高達一百七十六萬。我們相信這只是當時諸國中的一部分紀錄而已。而那些命喪沙場者絕大多數都是無辜的農民。

由於戰爭的破壞性，當時民間也興起了反戰的運動，代表性的人物是墨子（西元前 490?–403? 年）。墨子出身下層社會，自能體會一般人民的苦楚。在戰國前期，墨子學團的勢力是足以與儒家抗衡的，墨子的學

說是當時的顯學。他主張「兼愛非攻」，反對奢侈浪費。這些主張都切中時弊。墨子不只坐而言，更起而行。他具有高度的宗教熱忱與救世情懷。他常帶領門徒，援助被侵略的國家。

除了有大思想家反對戰爭之外，一般的平民也厭惡戰爭。我們從史料上看不出他們的聲音，但從漢朝初年賈誼在〈過秦論〉中，檢討為什麼秦國能夠兼併其他六國，統一天下，仍可看出端倪。他說對於秦始皇政權的出現，一般的平民都抱著歡迎的態度。因為一個新的政治秩序的建立，終於可以結束列國的血腥戰爭與屠殺，人民希望可以因此「安其性命」。我們可以想像絕大多數農民希望一個強而有力的統治者出現，取代威權掃地的周天子，從此可以安定的生活。這種思潮正彌漫在秦始皇統一中國的前夕。

秦的崛起與中國的統一

戰國以來，統一的條件日趨成熟。問題在於是由那一國完成統一的事業。所謂戰國七雄：趙、魏、韓、齊、秦、楚、燕中，到了戰國晚期，秦國獨霸的局勢已出現，只有趙國尚可抗衡秦國（圖十一）。

秦國本來是僻處西方的一個小國，其文化更被中原國家看不起，甚至被視為西陲的戎狄之類。但是秦國所處的關中地區，經濟資源豐富，後來秦國又獲得四川地區，也是沃野千里，出產富饒。秦國的西北草原也能提供足夠的牛馬，以利作戰所需。自古以來，能掌握關中經常就能控制華北，秦國便享有這樣的地理優勢。

秦的國勢從秦孝公開始壯大。秦孝公任用商鞅，積極變法。商鞅變法的目的在打擊秦國的舊貴族，加強中央集權。變法的結果不只奠定了秦國富強的基礎，更影響了其後皇帝制度的規模。商鞅變法的內容，我們在前面已陸續提及。綜合而言，首先，商鞅變法對於郡縣制的發展貢獻極大。商鞅將秦國東方靠近魏國處的新占領地，編組成三十一縣，並由中央政府直接派遣縣令、縣丞等官員。其次，實施什伍之制。第三，禁止已婚男子繼續與父親同居，這項辦法稱作「分異之法」。第四，政府

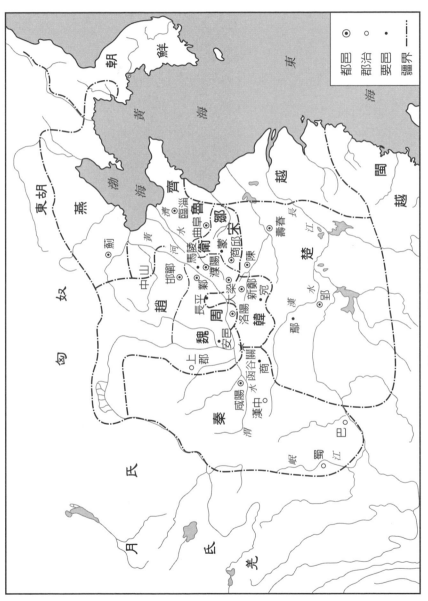

圖十一　戰國形勢圖

承認人民開墾的結果，按畝課稅。最後，提倡軍功。秦國創設「軍功爵」，通稱「二十等爵」。軍功爵不是傳統的封建爵等，它是頒給那些在戰場上英勇建功，尤其是取下敵人首級的軍人。軍功爵可以換算成田宅與奴隸。我們可以想像軍功爵對於下層的人民是極大的誘因。秦軍是以在沙場上勇猛著稱的，當時人有這樣的描述：東方六國的軍人都穿戴著厚重的頭盔與冑甲，秦國的軍人則是不披冑甲，甚至裸著上身，直向敵人跑去，左手提著人頭，右手挽著俘虜。這種秦軍的形象令六國膽寒。事實也證明這支秦國的軍隊是望風披靡。秦國軍人的勇氣應該是與軍功爵的獎賞有關。大儒荀子曾到秦國遊歷，盛讚秦國民俗淳樸，官吏敬業守法，軍隊賞罰嚴明。我們可以看出一個成功國家的氣象。

　　到秦昭襄王（在位西元前 306–251 年）時代，秦國大舉侵略東方諸國。在西元前 260 年長平之役，趙國的四十萬軍人為秦兵所殺，趙國的勢力瓦解，秦在東方可說已無強敵。西元前 256 年，即周赧王五十九年，秦昭襄王進兵攻周，周室滅亡，東周結束。

　　長平之役後，秦國獨霸的局勢已無可挑戰，但秦國內部卻發生繼承人的問題而引發政爭，延遲了統一的時間。秦王政於十三歲即位（西元前 247 年），此人即秦始皇。秦始皇在得到李斯的協助下，重新展開統一中國的事業。西元前 230 年首先滅韓，九年間，秦國以迅雷之勢，把魏、楚、燕、趙、齊五國依次滅亡。在西元前 221 年，秦王政二十六年，中國統一。秦始皇也建立起皇帝制度。

摘　要

　　周朝成立以後，中國的歷史由「城市國家聯盟」進入「封建國家」。各城市國家之間不再是鬆散的聯盟，而是以周王為頂點，依據各城市國家領袖與周王的親疏遠近關係，形成等級的體系。這種演進也顯示出各國的聯繫日益密切，文化的交流也趨於頻繁。於是中國北方逐漸凝聚成一個「華夏國家」。

　　周封建的本質是一種武裝殖民。周人占領殖民地之後，第一件事情就是築城，以作為根據地。城內稱為「國」，城外稱為「野」。周人統治者住在城內，通稱為國人。城外的被統治者被稱作「野人」。封建的結構就是國人支配野人，野人提供國人生活所需。

　　周封建的特質是分權，這一點是跟後代的皇帝制度有很大的不同。各級的貴族擁有自己的封地，他們的生活資源仰賴封地提供，而不需要依賴上級所發的俸祿。貴族在封地上享有較完整的主權，不受上級貴族的干涉。

　　西周另一項重要的成就是禮制的建立，通稱為「周禮」，對後代的影響極為深遠。西周初年的周公對於周禮的創制有極大的貢獻。周公提出了「天命」與「德」的觀念。此後三千年，中國君主的正當性，都是建立在他們以有德者的身分承受天命。到了西周中期，周人所發動的大規模戰爭停止下來。周的統治者開始從事禮儀的建設，今天我們所知道的周代禮儀，如朝廷的禮儀、宗廟的儀式以及貴族生活的禮儀，大多是奠基於這個時代。此後，周人的禮儀有了長足的發展，周人貴族更以「文質彬彬」著稱。但另一方面周禮也到了矯揉造作的地步，於是有春秋時期孔子的改造周禮運動。

　　春秋、戰國時代是中國歷史上的大變局，也有學者說這是一個突破期。我們可以從三個角度來看這場變局。首先是政治權力的變動。在西

周時代，各國的地位高下取決於各國國君與周天子的親疏遠近關係。到了東周時期，這套宗法的原理已經為實力所取代。各國已經不顧周天子的地位，競相擴張勢力。列國之間的戰爭也日益激烈。國君在國內的政治地位也為卿大夫所取代，卿大夫掌理國政的情形也發生在許多國家。

其次是新的社會階層的興起，包括士階層與小農階級。春秋、戰國所興起的士階層，是漢朝以來士大夫的前身，而士大夫是傳統中國的統治階級，由此可以看出士興起的重要性。士的來源不外是沒落的貴族與上升的庶人。士的最主要身分是知識分子。春秋、戰國以後，許多統治者為了改革的需要，大量的啟用這一類有學問的士人。士大夫的文化淵源與精神面貌則最主要來自於孔子的教誨。於是此後所謂的士人，必須以道德為內在的根本，知識為外在的憑藉，並以政治為途徑，改造這世界。

第三是「哲學的突破」。春秋、戰國時期所產生的許多思想家與學派，影響當代及後代十分深遠。這些學派中首推儒、道、法三家。這三家的共同特色是他們都想解決春秋戰國時代所發生的政治社會問題，即重新建立起政治秩序。法家主張尊君與集權，道家主張無為之治，儒家主張實施仁政。

春秋、戰國時期，列國為了求生存，紛紛展開變法。這些變法也導致了一個新的政治體制的出現，我們稱之為「皇帝制度」。皇帝制度正式成立於秦始皇統一中國，這一年是西元前 221 年；正式結束於國民革命推翻滿清，這一年是西元 1911 年。

皇帝制度的成立過程，可以從三條線索考察。一是原本屬於封建貴族的封地、采邑，一步步被併入國君的直轄地，而成為郡縣。郡縣長官不得世襲，必須接受中央政府的調動與考核。二是封建貴族世官制度也逐漸為新的官僚制所取代。三是國君由只能掌握氏族，轉變到掌握個別的農民，而主要的方式是透過賦役制。人民必須接受國君所派的地方官的管理，個別的農民之家必須向國家繳納賦稅與服役。郡縣制、官僚制與賦役制構成秦漢以後皇帝制度的主要內容，也形成此後「編戶齊民」

的政治社會型態。

　　戰國時期列國的改革中，最成功的是秦國。秦國在商鞅變法之後，勵行農戰的政策。一方面鼓勵農民開墾，以厚植經濟力。另一方面，實行軍功爵制，鼓勵軍人在戰場上殺敵。皇帝制度的諸要素也在商鞅變法時完成。等到西元前 221 年，秦國的軍隊開入齊國國都臨淄，齊國滅亡，中國統一，皇帝制度被推展到整個中國。

習　題

1. 請閱讀《詩經》的〈東山〉詩。這首詩是描寫周公東征時，戰事因雨而停歇。此時我們的詩人，一位周的小貴族，正躲在戰車下，思緒回到了西方的家鄉。他正在想念新婚的嬌妻。

2. 北宋范仲淹的名言：「先天下之憂而憂，後天下之樂而樂。」我們稱這種精神為士大夫精神。請說明士大夫精神的起源。你能不能在《論語》當中找到孔子有關「士」的言論？

3. 傳統學者將春秋戰國的變局歸納為「從封建到郡縣」，可見郡縣制的出現具有極大的意義。請比較封建與郡縣的不同。

第三章　漢唐之間的歷史演變

第一節　秦漢的政治社會

秦朝統一的新局勢

秦始皇統一中國後，中國歷史進入了一個新的紀元。歷來對秦始皇的政績，學者褒貶不一，然而無論如何，秦始皇對其後的歷史的確影響深遠。以下敘述他的重要政績。

1. 皇帝尊號的確立

秦統一中國後，秦王政（即後來的秦始皇）命令官員討論帝號。最後秦王政採用「皇帝」的稱呼，於是秦王政成為後世所稱的秦始皇。所謂皇帝，一方面是指秦始皇的功績超過了遠古的三皇五帝，另一方面是指「皇天上帝」或「煌煌上帝」，表示偉大的宇宙主宰者上帝❶。換言之，秦始皇認為他的地位與權威有如上帝一般，他是具有神格與神性的統治者。

劉邦推翻秦朝，建立漢朝之後，仍然沿用皇帝的稱號。這個稱號也一直沿用到西元 1911 年清朝遭國民革命推翻為止。然而，在漢朝時期，皇帝的性質有了改變。由於儒家思想的抬頭，「天命」及有德者為天子的觀念再度盛行，漢武帝時期的董仲舒（西元前 176?–104? 年）對此觀念的流行有極大的貢獻。大體而言，這個時期的儒家認為皇帝不是以上帝

---

❶　皇帝一詞的由來，歷來也多爭議。一說是秦始皇自認為功蓋三皇五帝，故曰皇帝；一說是皇帝意指光明璀璨的上帝。此處根據高明士〈政治理想與政治制度・治國平天下〉（收入《中國文明的精神》，臺北，廣電基金會，民七十九）。

的身分統治人間,而是以「天子」的身分君臨天下,所以皇帝只是天的代理人,仍然必須要接受天的規範。如果皇帝沒有按照天的指示,便會得到天的懲罰。而且皇帝的權力是繼承自祖先,所以也必須要接受祖先的訓示。換言之,皇帝的權力不是絕對的,他也不可以任意的行使權力。儘管皇帝的權力在人間是至高無上的,但是仍然必須接受天命與祖訓的規範。

2.法律與文字的統一

秦統一中國之後,有所謂「書同文」的措施。所謂書同文是指政府所使用的公文書,必須使用相同的文字。這種措施旨在改革戰國時期各國之間文字的不統一,而一律改以秦國文字為標準。秦始皇的丞相李斯創造小篆,作為公文書的標準字體。其後,程邈發明隸書。隸書的筆劃簡易實用,方便推廣。我們可以說中文的發展到了隸書的階段,才真正達到方便實用的地步。文字的統一對於中國的貢獻是難以估計的。中國各地的人民雖然使用不同的方言,卻可以書寫相同的文字。

秦始皇也力行「以法為教,以吏為師」的政策。所謂以法為教,是指社會上的文化價值必須以秦國的法律為標準。凡是與秦國法律相抵觸的,地方官都有責任加以取締。所謂以吏為師,則是指人民只能從官吏那裡學習文化教養。換言之,民間的學者是不容存在的。秦國與東方六國(齊、燕、韓、趙、魏、楚)的文化、習俗本來就不相同,強迫六國人民只能遵從秦國的文化價值,無疑是一種暴政,也激起六國人民的反感。秦朝被推翻以後,歷代政權雖然沒有像秦朝那樣嚴厲的限制民間文化,但是官方的文化價值高於民間的鄉土習俗,以及政治應該去領導文化等等想法,卻也一直保留下來。

3.中國疆域規模的確立

秦始皇統一中國後,奠定了中國的疆域規模(圖十二)。戰國時期,北方的草原騎馬民族日益強大,此即歷史上的匈奴。當時秦、趙、燕等國為了防止匈奴南侵,都在國境上築城。秦始皇統一中國之後,將諸國的長城聯結為一,再加以補強,而成為「萬里長城」,不過我們今天所看

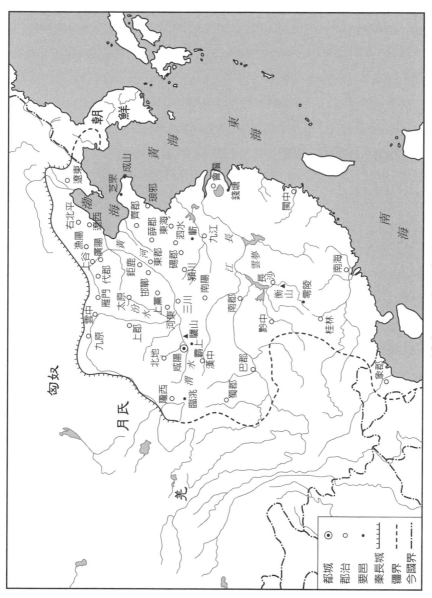

圖十二　秦疆域圖

到的長城則是明代所修築的。萬里長城不只是一條國防線，也是一條人文地理的界線。長城區別了農耕民族與游牧民族的活動區域。長城一方面用來防止游牧民族南侵，但它同時也使得漢民族的向北開拓到長城為止。這條生活方式與民族的界線，一直要等到十七世紀才告解除。其原因有二，一是清朝以北方外族的身分入主中國，長城失去了重要性。二是十七世紀以後，由於大砲的發明，騎馬民族對於農耕民族的優勢喪失。農耕民族不需要再依賴城牆以自衛。

秦的速亡與西漢的改革

秦的國祚只延續了十五年（西元前221-206年），歷經秦始皇與秦二世二位皇帝。秦的速亡，可以歸納成以下幾個原因。

我們可以將秦代的社會階層分成六國的舊貴族、士人與小農。秦朝速亡的原因是這三個階層的分子群起反叛。六國的舊貴族是秦朝政權成立的最大受害者。他們趁著秦朝政權不穩之際，起兵推翻秦朝，從事復國的運動，如反秦的主要領袖項羽的祖先即為戰國時楚國的貴族。

士人對於秦政權的不滿，肇因於秦始皇「焚書坑儒」的措施。秦始皇三十四年（西元前213年），當時朝廷的官員爭論郡縣與封建的優劣。丞相李斯認為這種言論自由會損害皇帝的權威，因此建議秦始皇下令限制學術的發展，將各國的史書、詩書與百家語，悉數焚毀，此為焚書事件。第二年，有方士誹謗秦始皇，於是秦始皇坑殺四百六十餘位術士，史稱「坑儒」。這兩個事件使得當時的士人階層對於秦政權離心離德，秦始皇也因此背負了千古的罵名。

在第二章中，我們曾提到戰國時期的小農階級企盼一個統一的政權出現，從此可以免除戰爭的破壞，獲得安定的生活。因此，秦的一統天下未嘗不是小農所歡迎的。但秦統一後的政策卻使得農民疲於奔命，大失所望。秦朝不得人心的政策，主要有二，一是積極對付南北的外患，北逐匈奴，南征百越。無疑的，軍人的來源多是一般的農民。二是大興土木。除了前面所提到的長城，又開闢馳道，建築宮室陵寢，如阿房宮

等。近年來在西安附近所發現的秦始皇陵，其規模更令人驚嘆。這些工程都是人民用血汗甚至生命所換來的。於是下層的人民失望了，他們沒想到統一之後，非但得不到休息，反而受到更嚴重的賦役剝削。

反秦的戰爭於是陸續爆發，首先是陳勝、吳廣的起義，時間在秦二世元年（西元前 209 年）。他們的跟隨者多是一群不滿的農民。六國的舊貴族也紛紛趁機恢復六國的名號，起兵反秦，如前述的項羽集團。另一個反叛集團的領袖是劉邦，這股勢力不同於舊貴族，劉邦率領一批出身基層社會的農民起來叛變。最後反秦的勢力歸結到楚漢之爭，即項羽與劉邦的鬥爭。結果劉邦脫穎而出，建立漢朝。

劉邦的獲勝不是偶然的。新政權的出現必須要建立在小農階級的支持上，劉邦的政策正能符合這項要求。當劉邦起兵反秦，攻入關中後，曾與咸陽地區的父老「約法三章」，並宣稱他是「為父老除害」。所謂父老，是當時基層社會的代表。漢的立國，便是以秦政的弊端為借鏡，在政策上保障基層社會的自主性與農民生活的安定。從漢高祖劉邦到其後的漢文帝與漢景帝時代，漢朝的政策是減免農民賦役的負擔，對外患則是姑息。這種看似消極的政策，卻正符合農民的需求。文景的四十年間，社會安定繁榮，史稱「文景之治」。

漢朝雖然推翻了秦朝，但仍然沿用秦朝所創的皇帝制度，如中央的官僚制度完全承襲自秦朝。漢朝所作的制度改革主要是在地方行政上，因為秦朝的滅亡正在於統治者未能正確的處理基層社會的不滿。漢初以來的改革奠定了其後二千年皇帝制度的規模。以下說明漢朝制度改革的內容。

首先，秦朝在六國地區例派秦人為郡縣官員。漢朝在郡縣長官的任命上仍維持此一「本籍迴避」的原則，即郡縣的長官（如郡太守、縣令長等）皆由外籍人士擔任。但郡縣的次級官員，則例用本地人。如此一來，中央與地方社會的勢力可以得到一個平衡點。

其次，漢政府承認基層的鄉里有適度的自治權，於是設置鄉以下的自治代表，稱之為「鄉官」，最重要的如「三老」。因此基層社會的民意

有一定的申訴管道。

再者，漢政府也積極尋求與士人的合作。從西漢中期起，在儒家官僚的推動下，漢朝規定地方政府必須定期推舉當地的賢才成為官僚的候補者，稱作孝廉與博士弟子員的選舉，或通稱作「察舉」、「鄉舉里選」。於是國家可以藉由地方上人才的選拔，而擁有社會的支持。社會的人才也可以經由正式的管道與定期的選舉而進入國家。這種作法有效的解除了國家與社會的隔閡。從此之後，士人成為國家官僚的最主要來源。這種情形一直延續到西元二十世紀的初年，科舉制度被廢止為止。

士族的興起

西漢以來，社會上出現一批統治階級，我們泛稱為「豪族」。豪族的來源有二，一是小農當中，因經營農業成功而升級為地主者。二是先秦以來的舊貴族，在皇帝制度建立以後，他們雖然喪失了政治上的特權，但仍擁有巨大的社會經濟勢力。這二類人都在地方上擁有龐大的產業，及產業上為數眾多的佃農與奴婢。他們的家族是地方上的領導家族，其他的小農民則依附在他們的勢力下。

西漢中期以後，豪族可以透過選舉制度而進入政府，包括我們前面所說的鄉舉里選，或成為地方政府的次級官員。察舉制度的評選標準是候選人的文化教養（儒學），許多豪族為參加選舉以求進入政府，開始接受儒學教育而成為儒生。這批有教養的豪族，也被稱作「士族」，或者從不同的角度而稱為「世族」、「門第」、「門閥」。

隨著時間的演進，豪族的政治社會勢力日益強大。東漢的建國者劉秀雖然是劉邦的後裔，但也是南陽地區（今河南省西南部的南陽盆地）的豪族。劉秀政權的成立主要得力於南陽地區與河北地區豪族的支持。由此可以看出東漢政權與西漢政權的差別，劉邦是獲得農民的支持，而劉秀則是因豪族的支持而得天下。

在東漢時期，豪族的勢力更是深入基層社會，並且各地方的豪族彼此串聯。這些發展對於漢朝國家的權力而言，是極大的危機。前面我們

說過，漢代的地方政府次級長官多用本地人，到了東漢時期，這些位子多由豪族所把持。這些地方上的豪族更構成地方社會的輿論，稱為「鄉論」。鄉論一方面制衡外在的國家權力，同時也建立起地方社會的自主性。郡、縣原本是中央皇權統治地方的行政單位，卻漸成為豪族的勢力範圍。地方的重要豪族被稱作「郡望」或「縣姓」等。我們稱這種由豪族、門閥領導地方的社會型態為「門第社會」或「門閥社會」。

豪族在地方上的力量逐漸增大的同時，他們也逐漸成為全國性的階級，進而構成一個全國性的「士大夫社會」。漢末的黨錮事件是其中的重要轉折。東漢末年政治敗壞的原因之一，是一批既得利益的豪族彼此提攜，壟斷選舉的管道。另有一些豪族勾結宦官，以謀取政治的上升管道。東漢後期，宦官濫權的問題十分嚴重。於是有一批士大夫自稱「清流」，出來反對宦官。這批清流士大夫主張恢復已遭破壞的鄉舉里選制度，也就是說，他們認為國家的官僚必須由有道德教養的士大夫出任，反對宦官把持選舉。這個運動以首都洛陽的太學生為主，也被稱作「清流運動」。清流運動遭到宦官的反撲，前後在西元 166 年與 169 年發生兩次黨錮事件。清流士大夫被指為黨人，遭到禁錮，即終身不得出仕。

尤其是第二次黨錮事件，官僚層中的清流勢力被完全清除，他們多數離開洛陽，回到鄉里。這個事件對於漢朝與士大夫都有重大的影響。西漢中期以來，漢朝的社會基礎是各地方的士大夫通過鄉舉里選進入政府。如今各地方的士大夫紛紛被迫離開政府，表示漢朝無法得到各地方的支持，也意味漢朝的實質滅亡。對於士大夫而言，黨錮事件進一步促使各地方的士大夫結合成為一個團體。當時著名的士人領袖如范滂、陳蕃皆標榜他們有「澄清天下之志」，即以天下為己任。換言之，士大夫不僅是地域性的領袖，也應該是全國性大社會的領袖，即所謂「天下士」。

土地兼併問題

漢朝滅亡的另一個原因是農村問題所引發的農民戰爭，尤其是漢朝末年所謂的「黃巾之亂」。事實上，農村問題並不始於漢末，它一直困擾

著漢朝。

在第二章中，我們提到李悝所描述的戰國初年農民狀況。到了漢朝，農民的困境並未改善。在歷經「文景之治」之後，農民的生活雖然大致安定下來。可是漢初的鼂錯對於當時的農民生活有這樣的描述：當時一般的農家是「五口之家」，即一對夫婦與未婚子女。其中二人必須為國家服徭役。這樣的五口之家可耕田地為一百畝以下，收穫在一百石以下。農民必須一年四季辛勤耕作才能換得基本的溫飽。一旦遇到水旱災，或臨時攤派的賦役，則必須將收成的一半廉價賣掉，或者借高利貸，以應付生活所需。其結果就是變賣田宅，或將子孫賣為奴婢。這些情形不是特例，而是多數農民一生當中總會遇到的。當農民無法償還高利貸時，只有以土地償債，淪為佃農、奴婢，或者走上逃亡一途，而成為流民。

這些在農村放高利貸者，正是前面所說的豪族。西漢中期以後，漢朝的政策是加強與豪族的合作，吸收豪族中的人才進入國家，其辦法就是前面提到的察舉制度。在這個政策之下，漢朝的官僚多是豪族出身，於是政府當局對於土地兼併的問題自然束手無策或放手不管。從西漢中期以後，豪族兼併土地與小農喪失土地的情形日益嚴重。這種現象引起許多儒家官僚的關切與抗議。漢武帝時代的董仲舒曾向漢武帝說明農民的困境與土地兼併的弊害。他說許多農民喪失土地，只有向豪族租地耕作，而且必須繳交一半的所得作租金。他要求漢政府實施限制土地兼併的政策。然而董仲舒的建議並沒有被採納，此後土地兼併的問題愈形惡化，逼使漢政府不得不提出對策。終於在西漢哀帝即位時（西元前 7 年）頒布「限田法」，即限制官民能夠擁有土地的上限，並同時限制擁有奴婢的數目。政府此舉引起當時土地與奴婢價格的暴跌，造成官僚與豪族的反彈，最後又迫使朝廷暫緩實施限田法。

西漢末年，改革派的官僚擁護王莽執政。王莽藉著政變，奪取了西漢的政權，建立了「新」朝。王莽是一位儒教的信奉者、實踐家。他在獲得政權後，企圖原封不動的實現儒家的政治理想，尤其是井田制度。他將所有土地都收歸國有，稱為「王田」，依井田制度的辦法，分配給實

際耕作的農民，另一方面禁止奴婢買賣。這個政策的直接受害者是豪族，但是由於王莽經濟政策的失當，引起經濟崩潰與社會秩序不安，一般的小農也未受其利。於是農民首先起來反叛，最有名的二股勢力是綠林兵與赤眉兵，終致天下大亂，豪族階層也趁機起兵反抗新朝。豪族的反叛勢力最後集結在南陽豪族劉秀的旗下。

劉秀恢復了漢朝政權（是為東漢）後，豪族進一步掌握權力，政府當局更不可能提出土地改革的政策，農民問題遂演變到不可能和平解決的地步。那些失去土地而依附在豪族下的農民還算是幸運的，另有許多農民流離失所，而成為流民。這些流民的生活十分悲慘，史書記載他們「裸行草食」，即光著身體，飢餓難耐時只有吃草根。

相對於政府的麻木不仁，許多知識分子仍大聲疾呼，要求政府解決土地問題。如仲長統（西元 180–220 年）著《昌言》一書，重述井田制度的理想。另一位二世紀中期的思想家王符著有《潛夫論》，嚴詞批評漢政府對於國家與人民的危機無動於衷。但這些只是亂世微言，沒有作用。西元第二世紀之後，農民開始叛變，且一次比一次激烈。終至漢靈帝中平元年（西元 184 年），所謂「黃巾之亂」終於爆發。

「黃巾之亂」的爆發及影響

東漢以來，道教在民間流行，形成許多教團。這一類的教團是互助性的組織，它們幫助流離失所的人安頓生活，並給他們精神上的關懷。由於流民人數的增加，教團的規模也日益擴大。教團當中最有名的是張角的太平道，太平道積極從事推翻漢朝的工作。他們的教團十分有組織，他們預定在西元 184 年 3 月 15 日（月日是農曆）起義，因為這一天是甲子年甲子月甲子日。甲子是干支的開始，這表示從這一天起，天地都要更新，人間重新開始。起事者頭戴黃巾，所以被統治者稱為「黃巾賊」。然而由於事跡敗露，黃巾黨人提前在 2 月起事，七州二十八郡同時發動，可見起事規模的龐大。

東漢末年，漢朝已經瀕臨瓦解。我們前面說過第二次黨錮事件之後，

許多士大夫都失望的離開了朝廷。如今農民戰爭又起，漢朝已註定滅亡的命運。叛變發生後，漢朝主要依賴駐紮在西北的軍隊平亂。這支西北軍是漢朝用來鎮壓西北邊境的胡人，主要是羌人。這支軍隊最著名的領袖是董卓。

由於漢政府的衰弱，豪族在面臨「黃巾之亂」時，只好自組軍隊作戰。豪族也利用這個機會擴張自己的勢力，於是各擁私兵，這也為中國的分裂埋下了伏筆。三國期間的主要人物都在黃巾戰爭中登場，著名的如曹操、孫堅、劉備、袁紹、關羽、張飛等。以曹操為例，他是沛國譙縣（安徽亳縣）人，他的家族在當地甚有勢力，是我們所稱的豪族。他在任兗州牧時，擊破黃巾黨人，將他們收編為自己的軍隊，人數有三十萬，號稱「青州兵」，這支軍隊成為其後曹操軍隊的主力。

當各地豪族紛紛自組軍隊時，漢朝廷也籌建一支中央軍以捍衛首都洛陽。然而當時漢朝已是眾叛親離，漢靈帝只有重用宦官，以宦官作為軍隊的統帥。此舉引起了朝中官員的不滿，調來西北軍以鎮壓宦官。以董卓為首的西北軍浩浩蕩蕩開進洛陽，屠殺宦官。此後，漢朝也為董卓所把持。官人、士大夫不滿董卓的行徑，於是以袁紹為盟主，起兵反對董卓。一場軍閥、豪族的混戰於焉展開。漢朝的國祚雖然又苟延殘喘了好幾年，但已名存實亡。

第二節　六朝隋唐的政治社會

三國的分立

羅貫中的《三國演義》的開卷語曰：「天下合久必分，分久必合。」雖然這是小說家的感觸，不能視為嚴肅的歷史反省。但分合不定的情形的確可以用來描述魏晉南北朝（六朝）與隋唐的中國政局。

漢末以袁紹為首的反董卓陣營壯大之後，董卓挾持漢獻帝離開洛陽，駐守長安。漢獻帝趁機逃離董卓的勢力，接受曹操的保護。曹操「挾天

子以令諸侯」，成為漢朝廷的實際掌權者。董卓死後，北中國成為曹操與袁紹對決的局面。官渡（河南中牟）一役（西元 200 年），曹操擊敗袁紹，成為華北的霸主。

　　曹操在確立了華北的獨尊地位之後，揮軍進入長江流域，但奈何為長江天險所阻，曹操的軍隊在赤壁（湖北嘉魚）敗於孫權與劉備的聯軍，時間為漢獻帝建安十三年（西元 208 年）。此役決定了魏、蜀、吳三分天下的局面。曹操之魏控制華北，劉備之蜀以四川為基地，孫權之吳則以長江中下游為根據地。魏蜀吳三分的基礎也反映了經濟力量的變化。三國的分立代表中國當時三個經濟區，一是華北平原，一是四川盆地，一是長江下游三角洲。其中長江下游三角洲的開發是最值得注意的，吳國以此為基地，長期抗衡華北的政權，顯示這個地區的經濟有了長足的發展。

　　曹操死後，其子曹丕廢掉漢獻帝，自立為帝，建立魏朝，時間是西元 220 年。其後，劉備與孫權也分別在西元 221 年與 229 年自立為帝。三國正式成立（圖十三）。

　　蜀漢在西元 263 年為曹魏所滅。華北的曹魏政權取得四川盆地之後，在當時的三大經濟區中，獲得了二大經濟區，統一的局面已經成熟。二年以後（西元 265 年），曹魏政權為司馬炎所篡，建國號為晉，史稱西晉。晉武帝太康元年（西元 280 年），孫吳為晉所滅。從西元 189 年董卓進入洛陽，導致群雄並起開始，經歷不到一百年，中國終於在晉武帝手中完成統一，並重新以洛陽為首都。

西晉與士族政權

　　西晉的開國君主司馬炎，即晉武帝，出身河內地區的士族。相較於曹操出身地方性的豪族，司馬氏家族的社會地位顯然高貴許多，文化水準也堪稱上流。在曹魏時期，司馬氏在逐漸掌權的過程中，獲得了許多士族的支持。西晉建國可以視為士族建立起自己的政權。

　　士族政權的奠基可以上推到曹魏文帝時，陳群創立「九品官人法」。

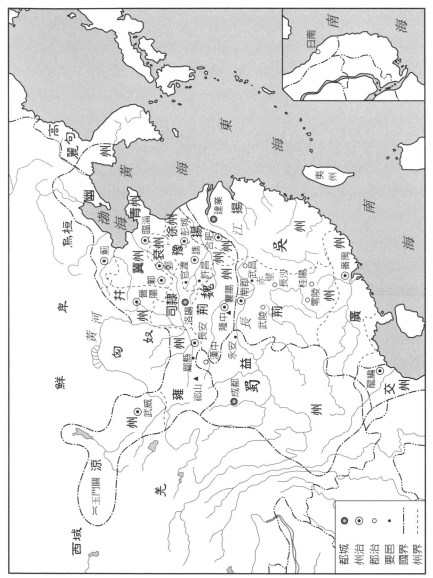

圖十三 三國形勢圖

九品官人法是繼漢朝的察舉制度之後，國家的主要選舉制度。它繼承了鄉舉里選的理想，即政治必須與道德結合，國家的官員必須由有教養的士人出任。至於士人教養的等級，則交給地方社會去評鑑，即所謂「鄉論」。漢朝末年，士大夫之間的社交活動頻繁，他們聚集在一起評論人物的風氣很盛，故有「月旦評」的出現，即士大夫經常定期舉行人物評品的聚會。當時清流士大夫評論人物兼臧否時事的議論，也被稱為「清議」。

九品官人法配合社會上人物評品與清議的風氣，設立「中正」官，負責根據鄉論，推舉人才與評定士人等級。這種等級，稱作「鄉品」。士人在獲得鄉品之後，即可進入官僚界。鄉品愈高者，可晉升為愈高的「官品」。漢末第二次黨錮事件之後，士大夫紛紛脫離國家。九品官人法建立後，士大夫又可以依循正規的管道，進入國家。

或許九品官人法的實施有它的理想性，但是很快的這個制度就被士族所利用。這個制度要能夠成功的運作，有賴於中正官能夠公平盡職的反映鄉里社會的公共意見。但是自從這個制度開始運作，中正官就為士族所把持。他們同類相引的結果，中央級的士族占據上品，非這個集團的人就只好屈居下品。九品官人法的本意是要選拔有教養的人才，結果選拔人才的權力卻由少數的公卿權貴所把持。在西晉時期，少數的統治家族長期的霸占中央級的高位，形成洛陽公卿集團。到西晉末年，批判九品官人法的呼聲高漲，最有名的說法是：「上品無寒門，下品無勢族。」所謂寒門，或稱寒人，並不是指窮人，他們可能擁有相當規模的社會經濟實力，可是因為不屬於洛陽公卿集團，所以一直無法順利的晉身高級官員與上流社會。一般士人對於西晉政權的失望是可以想像的。

西晉的國祚不長。晉武帝死後（西元 290 年），司馬氏諸王為爭奪朝廷的控制權，骨肉相殘，兵戎相向。這場動亂，史稱「八王之亂」。「八王之亂」除了反映司馬家皇室內部的爭權奪利之外，許多地方上的士大夫也加入諸王反叛的勢力，向洛陽公卿集團宣戰。這也是造成亂事一發不可收拾的主要原因之一。

「五胡亂華」與南北的分裂

「八王之亂」在蔓延的過程中，中國邊境的少數民族趁機建立自己的政權，史稱「五胡亂華」。晉懷帝永嘉五年（西元 311 年），匈奴的軍隊攻進洛陽，中國皇帝被俘，史稱「永嘉之亂」。

「永嘉之亂」造成華北人民大規模的逃往江南，也促成了中國史上一次大規模的人口移動。從北方來的士族擁護司馬家皇室成員的司馬睿，在建康（南京）建立起政權，以延續晉的國祚，史稱「東晉」。司馬氏政權得以在南方苟延殘喘，有賴於士族的支撐，尤其是隨司馬睿南來的北方士族。東晉建國的頭號功臣王導便是出身琅琊的士族。透過王導的居中協調，南方的士族願意效忠司馬政權。這些南方士族中最有名的如「朱張顧陸」四姓，都是三國時孫吳政權下的大族，擁有強大的社會經濟實力。他們願意支持司馬氏所代表的北人士族政權，是東晉得以立國的關鍵性因素。

「永嘉之亂」後的北方，胡族建立了許多國家，通稱為五胡國家，也是歷史上「五胡十六國」的時代。這些胡人政權的建國歷程是極艱辛的。五胡政權多屬短命王朝，他們必須與漢人鬥爭。雖然晉室南遷，但是漢人的勢力並未完全消退，許多豪族出來領導地方上的人民，小農也依附在豪族的勢力下。當時華北出現許多塢堡，塢是一種具有自衛設施的聚落，也是一個生活上自給自足的單位。東晉陶淵明所描寫的「桃花源」，可能就是塢堡的生活。胡族政權並沒有能力消滅這些漢人的社會勢力。

這些胡族政權在中原建立國家之後，所面臨的另一個致命傷是部族領導成員彼此內鬨。胡族在建國之後，一旦掌握了龐大的人力與物力，幾乎無法避免發生權力鬥爭，於是減弱同族的團結，讓其他集團有機可乘。因此我們看到政權不斷的更迭。

「永嘉之亂」後，匈奴擅場北中國，其中石勒所創建的後趙（西元 319–351 年）是匈奴勢力最強大的時期，其領域囊括華北的大部分。後

趙埒臺之後，華北陷入了分裂與對抗，鮮卑的勢力開始崛起，在今天的遼東半島與華北的東部建立起政權，其中最重要的是前燕（西元 337–370 年）。

繼後趙之後，五胡國家中第二度實現統一華北大業的是前秦（西元 351–394 年）。前秦是氐族政權。當苻堅在位時（西元 357–385 年），前秦的國勢到達頂點，也是五胡政權中最安定富足的時期。苻堅不僅要做一位胡人的君主，更想當中國的皇帝。他提倡儒學，與漢人士族合作，恢復經濟活動。苻堅更積極從事消滅東晉的工作。西元 383 年，在淮水下游的淝水，二軍交鋒，前秦軍隊慘敗。這一役擊碎了苻堅統一中國的夢想，也促使前秦國家瓦解。前秦境內的其他部族趁機自立。華北的第三度統一要等到北魏政權的出現（圖十四）。

東晉南朝的政治社會

東晉時期，政權是掌握在北人士族的手中，可是這批人在南方並無社會基礎。當他們流亡到南方後，北人士族除了依靠自己在文化上的優越性之外，只有依賴國家的保障。於是這批北人士族只能以中央政府作為根據地，其實並沒有太大的能力控制地方的政局。東晉政權只好與地方上的豪族妥協，承認這些土豪的在地勢力，甚至放棄漢朝以來「本籍迴避」的原則，任用土豪為當地的地方長官，更默許世襲的情形。

九品官人法發展到東晉末年，已經完全喪失了它的立法精神，只是用來保障少數特權家族的地位。九品官人法選擇人才的標準，只論出身一項。所謂出身高貴，是指這些人的祖先是魏晉之際的權貴。如果你的祖先不是屬於這個團體，無論你本身如何優秀，都無法躋身高層官員與上流社會之列。於是這群士族形成一個特權階級與封閉集團，成為所謂「門第二品」，即他們世襲鄉品二品，鄉品二品是當時鄉品中最高的等級。這群人構成中古士族、門第的主體。但對於社會整體而言，他們的局勢好比汪洋中的孤島。

東晉政權主要是由北方移民到東吳地區的北人士族所支撐的，這個

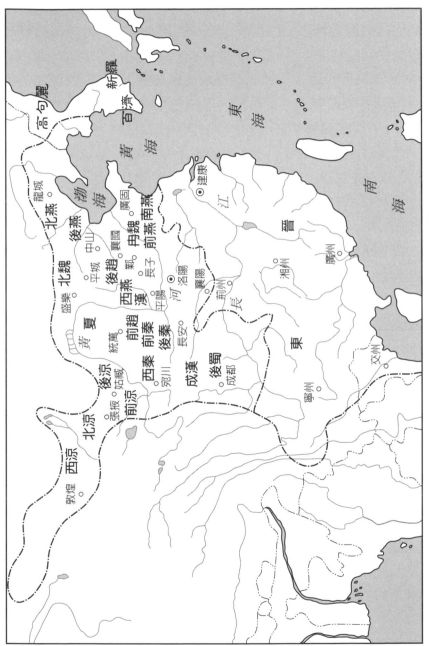

圖十四　東晉與北方胡族國家形勢圖

集團史稱「揚州集團」。可是在「永嘉之亂」後，另一批北方士族遷到長江中游，以荊州為中心，史稱「荊州集團」，他們不斷挑戰揚州集團的控制權。東晉時期，這兩個陣營之間的戰爭不斷。如晉元帝時王敦叛變（西元 322 年）、東晉簡文帝時桓溫叛變（西元 371 年）、東晉安帝時桓玄叛變（西元 403 年），這些都是荊州集團挑戰揚州集團的例子。這些叛變雖然都被弭平，但荊州集團的勢力日益坐大。於是建康的士族政權不得不啟用住在長江下游徐州地區屬於北人的寒人，將他們編組為「北府兵」。籌組這支軍隊的最主要目的是對付桓溫。而這支軍隊日後成為東晉後期政權最主要的武力。

　　東晉安帝時，孫恩與盧循率領反叛的農民與東晉作戰（西元 399–411 年）。北府兵投入清剿孫恩、盧循的戰爭，其勢力也愈來愈大。戰事結束後，北府兵的領袖劉裕也實際上掌握了東晉的政權，終至篡位，建國號為宋。這也是歷史上南朝（宋、齊、梁、陳）的開端。

　　晉宋的交替，不只是改朝換代，而是士族政權逐步轉移到寒人軍事將領手中。齊、梁的創建者蕭道成與蕭衍，至多只能算是北方來的下層士族，他們同樣是因為掌握了軍隊而奪取政權。

　　士族政治發展到南朝，已經到了窮途末路的階段。一方面，如前所述，士族已經成為一個封閉的集團。他們以文化自衿，自命清高，不屑從事行政工作，更遑論領兵作戰。於是政府的行政、軍事權力落到寒人的手中。另一方面，隨著江南經濟的開發，這批寒人也掌了可觀的經濟力。雖然社會上出現了這一批新興的勢力，可是他們卻被排斥在政治體制之外，沒有辦法循著九品官人法的管道上升。士族面對這批新興勢力的威脅時，只能作困獸之鬥，利用政治的特權，嚴格要求區別士庶，加強士族階層的封閉性，但終究抵擋不住大勢所趨。

　　梁武帝在天監年間（西元 502–519 年），曾著手改革士族政治，史學家稱為「天監改革」。改革的總方向是希望能革除「門第二品」的弊端，使有才學之士居於重要的官位，淘汰那些不堪任事的士族。而其方法是在用人時，增加考試一項。天監改革雖是對症下藥，但士族政治已病入

圖十五　東晉顧愷之〈洛神賦圖卷〉（宋摹本）所顯現的士族形象

膏肓，無法起死回生。不過天監改革的理想後來為隋朝的科舉考試所繼承。

　　梁武帝之所以痛下針砭，主要係因南梁的士族已腐朽頹廢，不能為朝廷所用。當時的士族僅以外表自傲，他們在臉上塗白粉，體質羸弱，走路時還著高齒的木屐，故需要人攙扶，並以手的膚色白細如玉為榮（圖十五）。由於他們出生之後，就註定高官厚祿，故不求上進，以至文化程度低落。以《顏氏家訓》著稱的顏之推（西元 531–591 年）曾在梁末目睹士族的腐敗。他說這些人甚至只會寫自己的名字。一旦士族連文化教養的優越性都喪失之後，他們喪失特權之日也是屈指可數。相對的，南朝時期，許多佛教寺院興辦教育，寒人如果有心向上，可以憑藉此管道

獲得教育的機會。寒人的文化程度因此得以大幅提升。

　　梁末爆發的「侯景之亂」（西元 548–552 年），除了摧毀梁政權，士族的權力也隨之陪葬。侯景攻入建康，揚州地區的士族死傷慘重，當地士族集團的勢力也徹底瓦解。東晉以來的士族一直以大城市為聚集地，尤其是京城建康。隨著這些地區遭摧毀，士族的權力基礎也不復存在。

　　「侯景之亂」的結果也使得荊州士族集團瓦解。當長江下游的建康政權失敗後，梁朝在荊州地區重建根據地，卻遭到北方的西魏趁機入侵，荊州於是淪陷（西元 554 年），荊州集團也被消滅。至此，南朝政權與士族政治已無起死回生的可能。其後，梁的一位軍事將領陳霸先收拾侯景之亂後的殘局，建立陳朝。陳霸先的祖先也是來自北方，但出身寒微。在他任內，北人的軍事集團，無論是士族或寒人都已崩潰，只好重用南方的土著。南方的土著因此開始登上歷史的舞臺，但是北方的隋軍旋即揮軍南來，並消滅陳國。

北魏政權與華北的新秩序

　　北魏是鮮卑拓跋部所建立的國家。北魏的根據地在今天的山西北部，當時稱作「代北」。北魏的開國者拓跋珪（北魏道武帝）以平城（山西大同）為首都，展開對華北的進攻，盡有今天的山西、河北二省之地。西元 386 年拓跋珪即皇帝位。至北魏太武帝拓跋燾在西元 439 年統一了華北地區，與江東的劉宋政權對峙，南北朝的局面成立。

　　華北在「五胡亂華」之後，社會經濟殘敗。北魏平定華北的政局之後，便積極重建社會經濟的秩序。當時社會經濟的亂象主要有二，一是小農流離失所，成為流民。二是地方上的豪族趁亂世各據一方，這些人在北魏時被稱作「宗主」。許多人民依賴宗主庇護，形成「宗主督護」的體制。這些依賴宗主的農民，可以逃避國家的賦役。這種現象使得國家權力無法貫徹到基層社會。有鑑於此，北魏孝文帝乃在太和年間推動改革。而太和年間的改革則奠定了其後隋唐統一與中央集權的基礎。

　　太和九年（西元 485 年），北魏創設均田法。所謂均田法，是政府按

戶計口，授與人民一定的土地，其辦法頗為複雜，但其原則是「一夫百畝」，即一個家庭種植一百畝的田地，並以此為課稅基準。均田法的淵源至少可以上推到曹魏時代的「屯田」政策。曹魏政府將流離無產的農民安置在土地上，給與他們適當的生產條件，如土地與牛隻，強迫他們耕作，並使這些農民成為國家的編戶與稅基。在六朝時期，由於無產流離的農民大量出現，屯田也是政府經常性的措施。北魏初年也曾實行過屯田制度。

均田制實施的主要目的，不在於平均土地。當時社會問題的關鍵不是土地兼併，而是北方人口大量遷徙與死亡，土地荒廢。有土地的人，缺乏勞動力；有勞動力的人沒有土地。於是均田法有計畫的將勞動力與土地結合起來。勞動力（包括人力與畜力）大的家庭，授與較多的土地；勞動力少的家庭，則授與基本的土地。

均田法的實施，配合三長制的戶籍管理，北魏重建了小農社會。太和十年（西元 486 年），北魏政府開始清查境內的人口與土地，於是訂立「三長制」，以三長制取代宗主督護制。北魏政府將基層社會劃分為鄰里黨三個行政區，各設長，如里長。三長制是要將原先附屬於豪族戶籍內的家族檢括出來，使他們恢復為以夫婦為中心的個別農戶。於是國家權力可以透過鄉里黨等基層組織，達到個別的農戶，重建一個「編戶齊民」的社會。

北魏孝文帝的另一項重要政策是「漢化運動」。北魏在孝文帝太和十八年（西元 494 年）由平城遷都洛陽。孝文帝遷都洛陽的理由很多，其中之一是洛陽是中原政治與文化的中心，此時的孝文帝已經以中國文化的繼承者自居，認為他的政權是代表中原的士大夫。

太和十九年（西元 495 年），孝文帝採行漢人的門第制度，制定姓族，史稱「詳定姓族」。所謂「詳定姓族」，是將重要的胡漢家族，依一定的標準重新劃分等級。如將胡漢人的統治家族，制度化為胡族八姓與漢族四姓。胡族八姓多是出身鮮卑貴族的成員。漢族四姓則是魏晉以來的華北主要士族，又依等級區分為華腴、甲姓、乙姓、丙姓與丁姓等。凡列

入八姓、四姓的成員，可享有任官的特殊待遇。孝文帝的企圖十分明顯，他要打破胡人的部落傳統，將原本二元的胡漢統治集團，融合為一元的門閥體系。

「六鎮之亂」與「後三國」的出現

漢化運動的結果之一，是北魏國家積極的與漢人士族合作，促使漢人士族的權力日益升高。相對的，原本是屬於統治集團的鮮卑等胡人，反而淪為次等人，成為政治、經濟上的弱勢團體。自從北魏遷都洛陽之後，達官顯貴都遷往洛陽附近，胡人反而被派到北邊去防衛外族。北魏在北邊設立防衛設施，這些地區稱為「北鎮」，這裡的人被稱作「城民」。孝明帝正光五年（西元 524 年），以北方六鎮為主的城民起來暴動，他們的矛頭對準洛陽的公卿集團。這場北鎮城民的叛亂，史書上稱作「六鎮之亂」，現在也稱為「城民叛變」。

「六鎮之亂」撕裂了統一的北魏王朝，叛變的戰火以燎原之勢，立刻蔓延整個華北。北魏朝廷為了對付叛變的城民，調動爾朱榮的軍隊。爾朱榮是代北地區十分有勢力的胡族部落酋長。他一方面平定動亂，另一方面也掌握了北魏的朝廷。北魏至此也名存實亡。其後，爾朱榮的二名部將高歡與宇文泰分別割據華北的東西部，建立起東魏與西魏，名義上仍保留魏的名號，並自認為魏的正統。到高歡與宇文泰之子繼位後，則廢魏帝而自立，各建立起歷史上的北齊（西元 550–577 年）與北周（西元 557–581 年）。史學家稱呼西魏—北周，東魏—北齊與南方的梁陳鼎立的局面，為「後三國」（圖十六）。

東魏—北齊占有中原的富庶之區，西魏—北周則僻居關隴（關中與甘肅東部）。因此起初東強西弱的局勢清晰可見。然而西魏宇文泰政權奮勵自強，終至扭轉局勢。其間最大的關鍵在於宇文泰趁南朝發生侯景之亂，占領梁朝的荊州與益州（四川），西魏的國土增加了一倍，國力大為充實。北周武帝建德六年（西元 577 年），北周滅北齊，統一了華北。在當時中國統一的局勢已經出現，而這個事業本該完成在北周武帝宇文邕

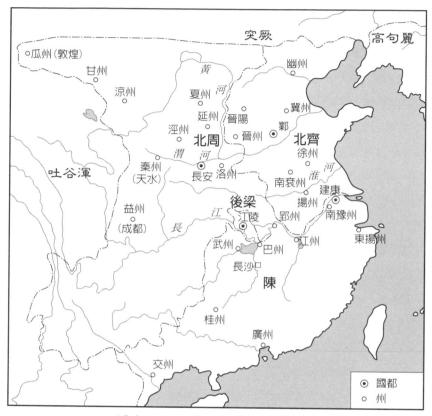

圖十六　北齊、北周、陳鼎立圖

的手上。然而宇文邕卻英年早逝，留下來的卻是北周紛擾的內鬥。結果北周的政權為楊堅所篡，改國號為隋。隋文帝開皇九年（西元 589 年），隋軍兵臨建康城下，陳國君臣俯首投降。是年中國復歸統一。此距西元 189 年漢末董卓率軍進入洛陽，其後漢朝土崩瓦解，正好四百年。距西元 311 年「永嘉之亂」，約二百八十年。

「關隴集團」與中國的再統一

隋的政權於西元 618 年為李淵創建的唐朝所取代。從西魏、北周一直到隋與唐的建立，雖然歷經數次改朝換代，但統治集團一直是「關隴集團」，我們可以將西魏至唐朝，視為一個政權的延續。隋文帝楊堅的父

親楊忠，與唐高祖李淵的祖父李虎，皆與宇文泰一樣出身六鎮中的武川鎮。他們與宇文氏協力打下了西魏的一片江山。這個統治集團被史家稱為「關隴集團」。中國經歷了四百年的動盪與分裂，終於在這個集團手中再度完成了統一的事業。

關隴集團形成於「六鎮之亂」時，主要是由兩股勢力集合而成的。其一是由關東開進關中的北鎮軍團，另一股勢力是華北西部（河南、山西、陝西與甘肅東部）以漢人為主的豪族。宇文泰的政權建立之後，積極的與在地豪族勢力合作。「六鎮之亂」後，關隴地區的城民與少數民族也紛紛起事，豪族為了自衛與鎮壓叛變，自組軍隊，這些軍隊被稱作「鄉兵」，鄉兵的領袖被稱作「鄉帥」。西魏政權重用這些鄉帥與鄉兵，將其勢力納入西魏大統年間（西元 535–551 年）所成立的「府兵制」中。出身北鎮的胡人將領與關隴地區的漢人鄉帥，共同組成府兵體系，並凝結成一個政治集團。關隴地區的統治集團順利透過府兵制融合為一體，克服了「五胡亂華」以來的胡漢對立狀態，是這個集團最後能夠統一中國的關鍵因素。

隋的興衰

隋文帝時期（西元 581–604 年）實施了許多重要的改革，奠定了其後中國中央集權的基礎。其一是廢止九品官人法，開始實施科舉制度。隋文帝並無意要全面廢止士族政治，但士族政治發展到隋朝，已經病態叢生。在南北朝後期，南北政權的統治者都在設法改革士族政治，其中主要的方向就是用考試的方法，確實的甄辨士族當中的賢與不肖。何況在九品官人法實施近四個世紀之後，由於士族人數的自然增加，也沒有那麼多職位可供士族占用。以考試決定士族入仕與升遷的想法也應運而生。在隋唐時期，能夠參加科舉考試的人，多是士族出身。但另一方面，科舉還是提供了中下層士大夫晉升的管道，甚至到了唐朝中期以後，中下層士大夫已有逐漸取代士族之勢❷。

---

❷　科舉考試究竟對於隋唐時期的社會階層升降影響有多大，學界有不同的看法。

其二是「廢鄉官」。魏晉以來，地方的長官有權利自己辟召與任命官員，這一類由長官自行任用的官員被稱作「鄉官」。地方長官的辟召權對於皇權而言，是一大制衡力量。隋文帝規定凡品官皆由中央政府除授，地方長官不得自行辟召。另一方面，依漢代以來的慣例，地方的次級官員皆由本籍人士出任，但自隋文帝之後也不限用本地人。這項措施大幅度擴大了中央政府的人事任用權。

其三是推展新的鄉里制。隋文帝在山東地區實行大規模的括戶，將隱匿在豪族勢力下的農戶編入國家的戶籍中，由國家的基層組織（鄉里）進行管理。

隋煬帝楊廣（在位西元 605-617 年）即位後，更積極的重建理想中的皇帝制度。隋煬帝要作全中國的天子，將首都由長安遷到洛陽。他並力圖打破地域的樊籬，啟用非關隴集團的人才，如舊北齊地區的關東（泛指崤山、函谷關以東）士人，與南朝的江南士人。煬帝的這項政策可以說是符合新時代的要求，但引起了關隴權貴的不滿，因為他們的權力受到了威脅。煬帝更仰慕江南的文化，進一步想遷都到南朝的故地。此舉也引發了關隴集團的內鬥。

然而隋政權在煬帝時代，發生更大的危機，問題出在農村社會上。從隋文帝以來，地方豪族的勢力急遽衰退，國家的權力進入基層的農村，但是農民並未因此受益。一如秦始皇的前例，在隋煬帝時代，國家仍犯下了過度役使民力的錯誤。尤其是隋煬帝為了重振中國的權威，出兵高麗，徵調大批的人民服役，造成人民大量失業破產，終於在煬帝大業七年（西元 611 年）引發了全面性的農民叛變。隋朝政權就在這場戰爭中瓦解。

唐政權與士族政治的尾聲

唐開國者李淵是關隴集團的權貴，他與他的兒子唐太宗李世民弭平

此處是根據毛漢光〈唐代大士族的進士第〉（收入氏著《中國中古社會史論》，臺北，聯經出版社，民七十七）。

了在農民戰爭中崛起的群雄，再度統一中國，並建立新政權（圖十七）。在唐太宗的時代（西元 627–649 年），為了收拾隋朝以來士族政治日益崩潰的亂局，朝廷開始重建政治的新秩序，我們稱之為「新門閥主義」。一方面，國家承認某些門閥家族可以享有政治的特權。另一方面，門閥的認定不應該以出身的血統為標準，而應該以官品為標準。在這個標準下，皇族的成員理所當然是最高級的門閥。而且魏晉以來的舊門閥如果在唐朝的政權下沒有得到高階的官位，就不被認為是門閥。從這種門閥制度的演變，我們可以看出皇帝權力已經凌駕在社會中的門閥士族之上。門閥的地位不是由他們自己決定，而必須依附在國家權力之下。至此之後，官品不只是政治等級的象徵，也是社會地位的象徵。這種現象一直延續到清朝末年皇帝制度崩潰。

　　士族政治發展到唐朝已近尾聲。從漢末以來，士族的權力是根植於他們的鄉里基礎與文化上的成就，後者稱之為家學門風。從唐初以來，士族逐漸喪失在鄉里的基業，紛紛遷離世居的故土，移往首都長安、洛陽附近，以方便追求官職。唐中期以後，新興階層的子弟習業山林寺院蔚為風氣，士族的家學不再壟斷教育。宋以後，私學書院更加發達，一般士人受教育的機會更多。唐朝的士族在失去了社會的基礎之後，只有依賴國家的權力，所以他們汲汲營營的謀求入仕的機會，這種現象被稱作「中央化」。安史之亂後，唐朝中央的權力急遽縮減，各地域有脫離唐中央自立的發展。這種情勢逼使唐朝更加積極與這一批舊士族合作。所以在唐中後期，士族雖然已經不能掌握社會，但仍然牢固的控制著政府的重要官職。然而正因為士族的權力來源是中央化，而且只有依附在政權之下，一旦唐朝崩潰，士族的時代便一去不返。

藩鎮體制

　　唐玄宗天寶十四年（西元 755 年），當長安政權仍沉溺在太平笙歌時，一場大動亂正從河北地區開始，以排山倒海之勢席捲中國。叛亂集團的領導人是安祿山與史思明，故史稱「安史之亂」。叛軍攻入關中，占領長

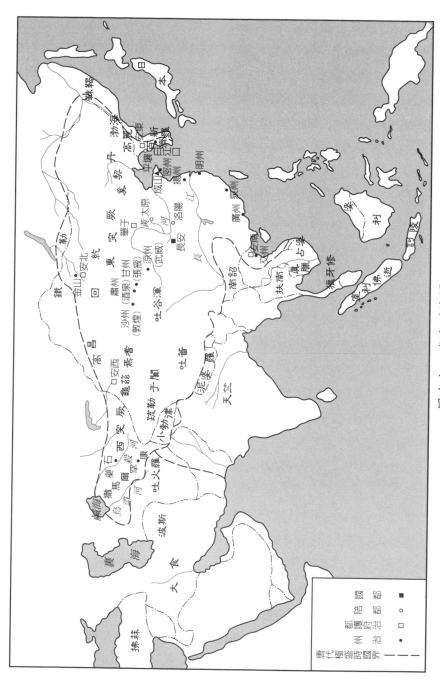

圖十七　盛唐疆域圖

安，唐玄宗倉皇逃走，中國陷入數年的內戰。一直到唐代宗時（西元763年），亂事才被平定。

「安史之亂」雖然被平定，但卻對唐朝的統治體制產生深刻的作用，一直到唐朝的滅亡為止都深受其影響。安祿山是河北地區的胡人。唐初以來，為防守北邊的外族，在邊境設立節度使。唐朝為籠絡邊境部落的領袖，因此重用他們來率領蕃兵，負責守衛與作戰。安祿山是蕃將中的佼佼者。在安史之亂前，他身兼平盧（遼寧朝陽）、范陽（北京）、河東（山西太原西南）三個節度使。

安祿山的叛變不能僅看成是他個人權力欲望的展現，這場叛變是有社會基礎的。從唐初以來，河北地區「胡化」的情形日益嚴重。從士族的標準而言，這裡的社會領袖出身卑微。他們崇尚武力，賤視漢人的文化。在這種社會風氣下，逐漸形成一個河北地區的武人集團。安祿山率領這個集團挑戰唐中央的權威，掀起「安史之亂」，雖然失敗，安祿山與史思明卻被河北人民視為「二聖」，在死後獲得追思與崇敬。

終唐朝之世，河北武人集團仍然占據此區，唐朝政府在當地始終無法取得支配權。安史亂後，唐朝政府在全國各地普設節度使。那些自立性較強的節度使被稱作「藩鎮」。其中最不接受中央指揮的是河北地區的藩鎮，唐朝只有任命這個集團的領袖出任該區的軍政首長，保有形式上的統治權（圖十八）。「安史之亂」後，除了河北地區之外，唐朝對於其他地區的控制權仍然相當堅固。然而，關中地區與關隴集團的優勢從此喪失。此後，中國的軍事、政治的核心區在河北，經濟的重心則在江南。

對於藩鎮體制的成立，「安史之亂」只是推動的力量之一。藩鎮體制的重要性不在於藩鎮統帥（藩帥）的跋扈與反抗中央，而是職業軍人自此成為重要的社會勢力。唐中期以來，由於土地兼併問題引發一連串社會經濟的劇烈波動，造成大量農民失業，他們成為流民，或稱作「逃戶」。政府為了解決流民的問題，不斷的召募流民成為軍人，於是職業軍人的數目大量增加。他們形成一股龐大的勢力，有時連藩帥都受制於這些下層軍人。安史亂後，藩鎮坐大。但唐代後期，藩鎮多效忠唐朝，原因在

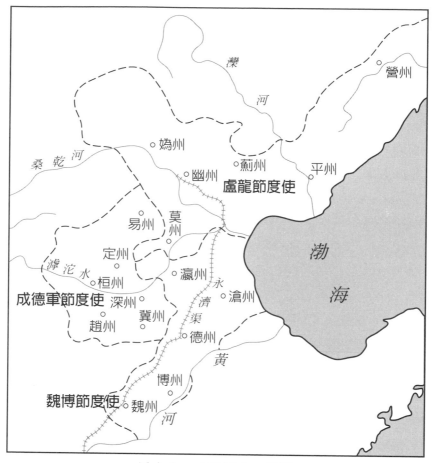

圖十八　唐代河北三鎮圖

於他們需要唐朝中央的權威以壓制境內的職業軍人。

　　另一方面，由於漢末以來士族勢力的逐漸退出鄉里社會，一批新的土豪階級正在形成。當時的基層社會受到流民與流民所構成的「草賊」的威脅，紛紛組織自衛隊，這類軍隊通稱為「團練」。新興的土豪則是這一類團練的領導人。唐朝的節度使體制也收編這一類的團練組織，將他們納入正式的體制。於是在唐中後期，我們看到社會上遍布職業軍人的團體，他們具有一定的自立性。在朝廷仍有權威時，他們是唐朝軍隊的一部分。可是一旦中央的權威淪喪，他們就自立門戶，掌控地方。

社會經濟制度的變遷

　　從北魏孝文帝開始實施的均田制，一直到唐前期，是華北地區農村社會的主要體制。它有以下幾項原理：一，由國家分配土地給農民，土地不得任意買賣，農民也不得任意遷徙。二，農民的生產型態由國家規定。如政府規定農民必須種植粟與桑樹等。三，所有的勞動力都必須投入生產。四，配合均田制的實施，唐代的賦稅制度定為「租庸調法」。租與庸是以人頭為單位，每名男丁每年須納粟二石，是為租；每丁服役二十日，是為庸。調是以戶為單位，每年納一定的絹帛 ❸。均田制反映出國家想要管制經濟的想法，尤其是嚴格的控制土地與勞動力。

　　隨著社會經濟結構的變遷，在唐中期，均田制的原理崩潰。均田制的崩潰及其結果可以從二方面觀察。首先，均田制配合租庸調制度，是建立在農家經濟自給自足的原則上。農民的消費所需多在自家的田地中生產。但隨著唐朝農業生產力的大幅度提升，這種自給自足的經濟體系乃逐漸瓦解。如華北地區種植小麥技術的改良，小麥的生產量大幅提升。農民將小麥賣給市場可以獲得較高的利潤。大城市附近的農民改種蔬菜，賣給城市內的居民，也是有利可圖。因此農民不願再見到政府過度干涉他們的生產型態。

　　其次，唐中期起，土地兼併的問題嚴重。原本的均田小農民開始解體。一方面是富農、地主的抬頭。另一方面是小農的沒落，而為佃農、奴婢或盜賊。均田制是透過授還田與戶籍的管理，使國家可以控制到每一位人民，達到「計口統治」的目的。但隨著均田農民的沒落，許多農民成為佃農，國家轉而承認地主與佃戶之間的隸屬關係。唐中期之後，國家不再控制每個人力，而是掌握田地。土地的所有權人必須按照土地面積納稅，至於地主之下有多少佃戶，國家逐漸不再干涉。這是中國歷史的一大轉折。在此之前，皇帝制度的理念是國家必須掌握每個人，賦

---

❸　「租庸調」為歷來學界的通稱，更正確的說，此種稅制應稱為「租調役」。應服役者如果不願意服役，可以納絹布等折抵，此稱為「庸」。

稅的原理也是以人頭稅為主，包括力役在內，因此地主與佃農的結合是不為國家所接受的。然而，在此之後，國家雖然不至於放棄對於個人的控制，但重心已轉移到掌握土地，賦稅的原理則改以擁有土地的多寡為準，國家也不再積極干涉農民流入私家，而成為地主的佃戶。

唐前期以來，隨著均田制的崩潰，許多農民離開戶籍所在地，前往他鄉謀生活。這些人在當時被稱作「逃戶」。由於逃戶沒有得到政府的授田，所以依照租庸調法的原理，是無需納稅的。從武則天時代（西元 684–705 年）起，逃戶問題已經十分嚴重。唐朝對付逃戶的方法是「括戶」，即用政治的強制力要求逃戶回到本籍地。最有名的一次括戶是唐玄宗開元九年（西元 721 年），宇文融所主持的全國性括戶。但括戶運動終歸失敗。唐玄宗開元中期起，國家已經承認逃戶可以就地落籍，稱之為「客戶」。

由於均田制的崩潰、租庸調法的窒礙難行，以及客戶的普及，迫使唐德宗建中元年（西元 780 年），實施新的稅法，稱為「兩稅法」。兩稅法的重點如下：一，徵稅的對象由原本的男丁改為戶。二，每戶納稅額以擁有的資產多寡為準。三，凡客戶在現居地擁有資產者，也必須依規定納稅。四，除了二稅之外的其他稅一律取消。五，以納錢為原則。其中第四項被稱為單稅原則，雖然它在唐代並未完全落實，但它反映了此後中國賦稅以田賦為主的趨勢。

「黃巢之亂」與唐的滅亡

唐朝末年，失業農民淪為流民的問題日益嚴重。這些流民除了一部分流入土豪之家，成為佃農之外，也有一部分成為盜賊。這些「草賊」以河南地區最為普遍。

唐代中期以後，茶逐漸成為民生必需品，消費量極大。唐政府於是將茶列入專賣。許多河南地區的盜賊也從事茶的販賣。他們先搶劫市場，籌措到資本後，再到江南地區向政府買茶，然後運到江北販賣。他們被稱作「江賊」，也從事私鹽的走私。這類團體為了保障既有利益，通常是

武裝集團。王仙芝、黃巢就是這一類武裝集團的領袖。

　　僖宗乾符元年（西元 874 年），河南地區發生嚴重的水旱災，饑民遍地。王仙芝、黃巢領導這個地區的武裝集團起事反唐。王仙芝死後，由黃巢領導，故史稱這場農民戰爭為「黃巢之亂」（西元 874–884 年）。

　　黃巢的勢力以燎原之勢，燃燒整個中國，長安旋遭黃巢攻陷。唐朝已岌岌可危。關東的藩鎮不是與黃巢集團妥協而坐壁上觀，就是趁機擴張勢力。當時中國最強大的武裝集團，除了黃巢所代表的河南流民集團之外，就是河北（黃河以北，包括河東）的職業軍人集團。這個集團的領導人之一是李克用。唐朝徵召他平亂。最後，黃巢兵敗，一方面是李克用清剿叛軍有功，另一方面是因為黃巢黨羽朱溫（後稱朱全忠）的降唐。

　　「黃巢之亂」雖遭弭平，不代表唐朝還有起死回生的希望。此後，中國的政局落入李克用所率領的河北職業軍人集團與朱全忠所代表的河南流民集團的手中。這兩股勢力展開鬥爭，結果朱全忠控制了唐朝廷，篡位自立，國號梁，是為五代的開始。唐朝至是滅亡（西元907年）。

第三節　民族與文化的融合

中西貿易與文化的交流

　　當秦漢國家開始立足於歐亞大陸的東部時，東亞同時出現了許多國家。其中匈奴稱霸於今天內蒙古的草原，成為秦漢的心腹大患。漢朝自漢武帝開始，出兵攻擊匈奴。並為了牽制北方的匈奴，也逐漸將勢力伸入西域。其中最有名的事件是漢武帝派張騫通西域，時間是西元前二世紀的後半期。漢代的西域泛指今天的新疆省地區，當時存在許多中亞的民族。這裡是中國通往西亞文明，甚至羅馬帝國的走廊。西域的開通對於中西文化的交流、商業的往來、生產技術的傳播與新物產的交流都發生了重大的影響。在兩漢時期，中國絲織品的技術水準獨步世界。中國

的絲織品經過河西走廊、西域進入西亞。在西元前一世紀，中國絲綢的最大主顧是羅馬帝國，羅馬的貴族競穿中國的絲綢。中國的養蠶與絲織技術也經由中亞傳到了波斯與東羅馬帝國。

在兩漢時期，西域的藝術傳入中國，如中國的石雕深受中亞、西亞風格的影響，希臘、羅馬的人像雕塑技術也輾轉傳入中國。中亞地區的樂曲與樂器更豐富了中國的音樂史。今天我們所謂的國樂器，有許多是在這個時期由西域傳入的，如琵琶、笛等。西方的樂曲形式也成為民間音樂的主流，有取代漢人雅樂的趨勢。

到了東漢末年，上層社會的官僚、士大夫更將胡人的風尚融於日常生活之中，並以此為傲。其中最顯著的改變是上流社會不再曲腿席地而坐，而改坐胡床（圖十九）。胡床後來演變成椅子。不過，一般平民普遍改坐椅子，則遲至唐朝以後。

佛教的傳入中國，更是中國史的一件大事。印度佛教創立於西元前六世紀，至於它是如何傳入中國，學者之間頗有爭議。但無論如何，在

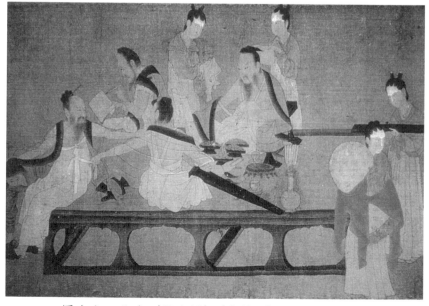

圖十九　北齊〈校書圖〉（宋摹本）所顯現的胡床

西元前，佛教曾由西域傳入秦國首都咸陽。在東漢明帝時（西元 68 年），印度僧人攝摩騰與竺法蘭也由西域來到洛陽，在洛陽建立白馬寺，並譯出《四十二章經》，是為中國最早的佛教寺院與佛經。

當佛教流行於中國之後，佛教已出現新的面貌。這種中國化的佛教有二項特質，一是漢譯《大藏經》的成立與流傳，二是大乘佛教。關於前者，中國流傳的佛教經典都是漢文譯成的。尤其在初唐時期，玄奘（我們所熟知的唐三藏）在唐朝廷的支持下從事譯經工作，一部龐大的《大藏經》於是完成。隨著漢字的流通，這部佛經成為此後東亞世界佛教的標準經典。關於後者，佛教在中國歷經了東漢、魏晉南北朝的演變，在隋唐時期形成了中國特有的佛教宗派，如天台、華嚴、淨土及禪宗等大乘佛教。這種中國化的佛教有別於今天流行在印度半島、東南亞的小乘佛教。中國的佛教在西元四世紀下半葉傳入朝鮮半島上的高句麗，稍後百濟與新羅接受了中國的佛教。日本在西元六世紀中期開始吸收中國佛教，越南則在西元八、九世紀時。因此到了唐代，一個涵蓋東亞世界的「中國佛教圈」已經出現。

由於中西貿易文化交流的頻繁，於是一條由中國內陸通往地中海西岸的絲路已經在兩漢時形成。魏晉南北朝期間，中國本身雖然動盪不安，但東西商業往來不曾停歇，如位在絲路咽喉要地的敦煌，就是商人聚集地之一。由敦煌西去貿易，將面臨荒漠、窮山與惡水，故商人多在這裡祈禱平安，並許諾如果順利歸來，將建佛像以報答神恩。今天揚名世界的敦煌石窟佛像，就是在這種背景下所興建的。北魏時期的洛陽、北齊首都鄴城都是當時胡商的集散地。隋唐時的長安更是胡商雲集，東亞各國的留學生雜處，呈現出第一流國際大都會的風貌（圖二十）。

西元六、七世紀之後，由於阿拉伯人崛起，亞洲的海上貿易日趨活絡。在南洋群島、波斯灣、亞丁灣的港口，都出現中國的商船。由於南海貿易的發達，唐玄宗開元二年（西元 714 年），唐政府在廣州設置提舉市舶使，專門負責海上貿易事務。揚州、泉州都是唐朝時的國際性的大港口。廣州住有許多阿拉伯僑民。在西元 848 年，有一位阿拉伯僑民李

圖二十　唐閻立本〈步輦圖〉描繪唐太宗接見吐蕃（西藏）使臣的場面

彥昇還曾考上進士，可見外僑中國化的程度很深。

　　在長安城，到處可看到穿皮裘、留辮髮的突厥人，戴耳環、披肩布的印度人，還有中亞、阿拉伯的商人，及新羅、日本的留學生。由於外國人的湧入，異國的宗教也進入中國，長安城充滿了不同民族風味的廟宇。這些宗教如波斯人、敘利亞人所崇敬的景教。在唐德宗時（西元 781 年），景教徒曾在長安聚會，樹碑以紀念，此碑即舉世聞名的「大秦景教流行中國碑」。碑文以敘利亞文和中文，詳述景教流行於中國的盛況。又如波斯、西域人所信仰的祆教，回紇人所信仰的摩尼教，摩尼教徒建有大雲光明寺。隨著阿拉伯人的東來，伊斯蘭教更在中國各大城市流行，尤其是廣州。

　　胡商在長安等大城市內，有的販賣珠寶一類的奢侈品，有的經營錢莊，有的開酒店，有的在街角以叫賣胡餅（今天的燒餅）為生。酒店內販賣由西域引進釀造的葡萄酒，奏著中亞傳入的胡樂。大詩人李白就曾醉臥在這一類的酒家中。

　　唐代文化對於東亞世界的影響極為深遠，移居海外的華人一直自稱是「唐人」。在西元七、八世紀，除了中國重新統一之外，整個東亞都進入了新的世紀，日本與韓國都由部族分裂的階段，邁入建國完成的新局面。在此國家成立的階段，中國的政治制度與文化皆成為這些國家模仿

的對象。西元七世紀中，日本孝德天皇推動「大化革新」，希望能建立起國家的政治、文化規模。而大化革新就是「唐化運動」。

如中國在唐太宗貞觀四年（西元 630 年）下令全國各地的官學興建孔廟，使官學成為儒學教育的基地。於是師生朝夕浸淫於孔子等儒聖賢的感召下，並執行儒家的禮儀，如祭孔等，而教育的目的是要成聖成賢。日本也在西元 768 年，仿唐朝制度，稱孔子為文宣王。新羅也在 759 年在其太學安置孔子及其弟子的圖像。

唐朝的法律，尤其是唐高宗永徽年間（西元 650–655 年）、唐玄宗開元年間（西元 713–741 年）所制定的律令，成為整個東亞世界的範本。以日本為例，西元 701 年所頒布的《大寶律令》是以《永徽律令》為藍本，西元 718 年公布的《養老律令》則含有《開元律令》的要素。

族群的對抗與融合

漢人與外族交往的過程中，這些外族也逐漸的融入漢族中。因此在歷史的發展過程中，漢族不是一個血統純粹的民族，而是民族融合的結果。今天我們所謂的「漢化」，主要是指文化的認同，而文化的認同並非指胡人仰慕漢人文化，而是因為胡人生活方式的改變，進而接受了漢人的文化價值。胡人生活方式的改變又肇因於他們進入了漢人的農業地區。從西漢開始，就有大批的胡人由草原地帶徙居漢人的農業地區。族群之間的衝突從此不斷爆發，悲劇也一再發生，但族群融合也在不斷的衝突中展開。

魏晉南北朝時期，是中國民族融合的重要階段。「五胡亂華」之後，一波又一波的胡人進入中國。數百年間，胡漢之間發生無數次的戰爭與屠殺。這一段民族的融合，是漫長而痛苦的歷程。然而到了唐朝，胡漢的界限幾乎已經完全消失，進入中原的「五胡」都成為新的漢人。今天漢人的血統中多混有這些胡人的成分。唐朝著名的詩人如李白、白居易與劉禹錫都具有胡人的血統，但在當時與今天都沒有人會否認他們是中國文學的代表。以下我們回顧漢唐之間民族融合的歷程。

　　從漢武帝主動攻擊匈奴開始，在西元前 54 年（西漢宣帝時）匈奴的東方諸族向漢投降，西方諸族亡命到歐亞大陸的西半部。西元 48 年（東漢光武帝時）留在東方的匈奴勢力又分為南北兩部，南匈奴臣服於漢，移居長城以南，北匈奴亡命西方。

　　這些向漢投降的匈奴部族，被遷入漢的疆域內。匈奴由外族轉變為中國的少數民族。其他的「外族」如羌、氐，也因為被漢所征服，分別遭漢政府徙入今天的陝西、甘肅東部與四川。然而，民族問題並未因此而結束，反而愈演愈烈。

　　這些與漢族混居的少數民族的境遇是十分悲慘的，一方面是生活方式的衝突，另一方面是受到漢人的欺凌。如在東漢時期，漢政府就徵調羌人到西域從軍，結果引發羌人大規模叛亂。這場羌人的叛變由西元 107 年延續到 117 年才大致平息，但東漢的元氣因此大傷。

　　「羌亂」只不過是當時民族問題的冰山一角。在西晉「永嘉之亂」的前夕，漢人官僚中的有識之士已經嗅到了大動亂的氣息。江統提出「徙戎論」，他說關中百萬人口中，已經有一半是胡人。這種人口生態的丕變，會拖垮漢人國家，故他建議將中國境內的胡人遷到塞外。但這是一個不可能實現的建議。

　　其實，我們不應該將「五胡亂華」看成是外族的入侵。起事的胡人是長期住在中國境內的少數民族，他們的目的是要擺脫被奴役的命運，進而建立自己的國家。首先起事的是南匈奴，他們在反叛宣言中，控訴：「晉為無道，奴隸御我。」後來建立後趙的石勒也是屬於匈奴一支的羯人，他在年輕時，因為窮困，曾經賣身為奴。當時許多漢人大肆捕捉胡人，並將被俘者賣到奴隸市場。

　　五胡國家在華北立國之後，它們所面對的是漢人的門閥社會。胡族領導人為了求取漢人的合作，不得不與這些門第合作。胡族領袖也必須展現出他們的文化教養，表現出中國天子的樣子，以博取漢人領袖的支持。前秦的苻堅是一個重要的例子，他建立學校，祭祀孔子，重用漢人士族。

北魏孝文帝的漢化運動更是胡漢關係的一大轉折。所謂漢化運動是以漢人士族的文化為標準，希望胡漢兩大統治階級能夠合而為一。改革的主要內容如：禁鮮卑語；改鮮卑複姓為單姓，如拓跋改為元、獨孤改為劉等；禁胡服；定郊祀與宗廟禮，郊祀天地與祭祀宗廟，為中國天子的禮儀，這項改革是使北魏皇帝成為中國的天子與中國文化的捍衛者；模仿晉、南朝的官制；改定律令；加強胡漢上層官員間的通婚。

北魏孝文帝漢化運動的結果之一是「門閥化」，它的確使得胡漢的統治階層融合為一個門閥集團。到了北魏末年，統治階級之間的胡漢界限已經十分模糊，歷史學家只有從姓氏（如匈奴的呼延氏、鮮卑的元氏、長孫氏與拓跋氏）和郡望（如代人、河南洛陽人）上，來判定那些人是胡人。如東魏的建國者高歡可能是一位胡化的漢人，而西魏的建國者宇文泰則是一位漢化的胡人。

北魏門閥化導致了「六鎮之亂」，我們在前面已經說明過。五胡建國的目的，是胡族人民希望獲得自主性與尊嚴。但門閥化的結果卻使得胡族的下層人民再次淪為奴隸的地位，因此他們起而推翻門閥化的洛陽政權。這次叛變也吸引了許多下層的漢人與他們並肩作戰。我們可以看出基層社會的人民，經歷了長期生活上的實際接觸，已經開始融合為一。

東魏、西魏的統治者在歷經了「六鎮之亂」後，皆深刻體會胡漢結合的重要性，這一方面也是由於時勢所造成。以西魏、北周為例，宇文泰為了對抗東魏，勢必要團結西魏的諸勢力，尤其是漢人豪族。宇文泰所帶進關中的北鎮軍人大多在東西魏的對抗戰爭中喪命，宇文泰只好更加倚賴漢人的鄉帥與鄉兵。關隴集團原本是以北鎮的軍閥為主，其後透過府兵制度的媒介，漢人鄉帥率領鄉兵加入府兵體系，結果是胡漢共享權力。這個集團能夠統一中國並非歷史的偶然。

到了西元 620 年代的隋末大亂，我們已經看不出來叛變農民的族群性質。除了可以由姓氏去推敲之外，下層胡漢人民之間的經濟、文化生活已沒有差異，而且可以一起從事政治運動。總之，五胡人民都已經成為中國人的一部分。

摘　要

對於漢唐之間的歷史發展，我們主要討論了五個問題，即漢朝對於皇帝制度的改革、士族政治、農村問題、族群衝突與文化交流。

關於漢朝的改革方面，秦朝的速亡，顯示秦朝皇帝制度的嚴重缺陷，其關鍵在於國家與社會的關係失調。漢朝政府有鑑於此，開始建立國家與社會之間的溝通結合管道。重要的措施如下。一，建立起制度化的選舉管道，使社會領袖可循制度化的管道而成為國家的官僚，此即漢代的察舉制度或稱「鄉舉里選」。二，郡縣長官雖然仍然維持「本籍迴避」的原則，但次級官員則例用本籍人士。三，適度尊重鄉里社會的自主性，並在基層社會設置鄉官，使基層民意有申訴的管道。這種追求國家與社會平衡的理念，為其後皇帝制度所秉持。

關於士族政治方面，從西漢到唐末，中國政治社會的統治階級是一批被史學家稱作「豪族」之人。這群人在地方上大多擁有龐大的產業，並控有數量眾多的奴婢與佃農，而且為鄰近自耕農的領袖。西漢中期以後，豪族藉著察舉制度而得以進入官僚界。為符合察舉制度的選拔人才標準，許多豪族之家致力於文化教養的工作，因此社會上出現一批歷代仕宦，並以家學門風相標榜的豪族，被稱作「士族」。

豪族的勢力在東漢的建國中開始展現。東漢的肇建者劉秀是南陽地方的豪族，他的成功是因為獲得了南陽與河北地區豪族的支持。東漢以來，上層的官僚多出身地方上的豪族。這些豪族把持選舉管道的結果，破壞了鄉舉里選的原理，於是在漢末掀起了「清流運動」。清流運動的結果，使得各地方的士大夫離開洛陽朝廷，漢朝於是崩潰。

曹魏文帝時代，國家為求重新結合各地的士大夫，制定了「九品官人法」。西晉司馬氏政權的成立是士族建立起自己的國家。但九品官人法的精神很快就隳壞，西晉時期，選舉官僚的標準是看候選人的父祖是否

為當朝權貴，而不是九品官人法所重視的道德教養，於是西晉的政權為一群洛陽權貴所壟斷。

晉室南遷之後，東晉政權是北方士族聯合南方士族所建立的。這個時期的北方士族雖然大權在握，但已是寄人籬下，缺乏社會基礎，因此只有以文化教養自傲。到東晉後期，九品官人法的選舉標準已經是只論出身，即端視候選人的祖先是否曾為魏晉之際的高層官人。少數家族藉著所謂出身高貴，長期掌握政權。南朝以後，士族地位已遭受「寒人」的挑戰。梁武帝時期曾試圖改革士族政治。梁朝末年「侯景之亂」造成南朝士族致命的打擊。

隋文帝廢止九品官人法，改行科舉。我們不應該高估科舉對於隋唐時期統治階層升降的影響，畢竟這個時期能參加科舉者，仍多是出身士族者。科舉的主要目的毋寧是甄辨士族之間的優劣，而不是提攜新興階層。

唐初以來，地方上的士族紛紛離開故里，遷到唐朝的首都長安與洛陽附近，以便參加選舉與未來的官宦生活。士族喪失了社會基礎，而成為純官僚之後，就愈加依賴唐朝的政治權力。唐朝的高級文官中，士族仍然占絕大多數，但一旦唐朝滅亡，士族政治也宣告結束。

就農村問題而言，西漢以來，小農社會所出現的土地兼併與農民失業的問題已經浮現，這個問題困擾了此後二千多年的中國社會。西漢中期起，一批儒家官僚大聲疾呼要求政府依井田制度，實施限田政制。王莽的改革是最典型的例子，但終因豪族的反對而失敗。東漢末年，流民問題引發了「黃巾之亂」，它發揮了摧枯拉朽的功能，擊垮了漢朝。

六朝時期，戰亂頻繁，政府經常利用「屯田」的方法，強制或鼓勵農民到無主荒地耕作。北魏孝文帝時代，同樣利用這種方法，建立起「均田制」。均田制的目的是要重建自耕農階級，使國家能夠透過官僚機構，掌握基層社會的小農之家，以恢復皇帝制度的「編戶齊民」的社會型態。均田制的成功，是隋唐時期中國再統一的重要基礎。

唐朝中期，均田制逐漸崩潰。它所反映的社會經濟結構轉變有：一，

農民自立性與生產力的提升，過去的自給自足經濟體系逐漸瓦解。二，租佃制的成立，國家開始承認地主與佃農的隸屬關係，國家所要控制的主要對象從男丁的勞動力轉移到土地上。這些統治原理的改變表現在兩稅法的成立。

再就族群衝突而言，兩漢時期，中國為解決北邊外患的問題，將戰敗的北方游牧民族徙居到中國的疆域內。從此，這些外族轉變為中國的少數民族。作為弱勢族群，這些後來被稱作「五胡」的少數民族，與漢人及漢人政府屢生衝突。在西晉時期，五胡趁著中國「八王之亂」的內戰期間，掀起自主建國的戰爭，是為「五胡亂華」。

胡人所面對的中國社會是一個「門第社會」，他們即使可以擊垮政府軍，卻不能完全征服地方上的士族。所以胡人國家都被迫要與漢人士族合作。北魏孝文帝漢化運動的主要方向是將胡人統治家族與漢人士族編成一個團體。而胡漢的下層人民也因為長期的實際接觸，也逐漸融為一體。隋唐以後，無論上層或下層社會，胡漢之間的族群界限十分模糊。此後所謂的漢人，或多或少都混雜了胡人的血統。

最後就文化交流而言，漢朝以後，東西方透過貿易線的成立，而更頻繁的發生文化交流。「絲路」是其中最有名的貿易線。

在東西文化交流的過程中，以下幾項發展是特別值得重視的。一是佛教的傳入中國。佛教至遲在西元前一世紀已傳來中國。當佛教在中國流行後，起源於印度半島的佛教也開始中國化，這項工作完成於唐朝。今天東亞世界所信仰的大乘佛教，是源自於中國。在唐朝時期，東亞世界出現「中國佛教圈」。二是日本與韓國在西元七、八世紀建國的過程中，都積極的吸收唐代的文化與法律制度。日本的「大化革新」是其中最為人知的例子。西元八世紀以後，整個東亞世界普遍建立起中國式的學校制度，這個地區的菁英學習漢字，讀儒家經典，信仰儒教。

習 題

1. 鼂錯的〈論貴粟疏〉中，曾描寫西漢初期農民的生活，請查閱這篇文獻，然後說明當時農民與國家以及農民與商人的關係。
2. 隋唐再統一的兩大基礎是府兵制與均田制，試說明其原因。
3. 試說明北魏孝文帝的漢化政策的原因與影響。

第四章 宋以後歷史演進

第一節 宋以後的政治社會

五代時期河北集團的興起

　　唐末中國再次分裂的導火線雖然是「黃巢之亂」，但是潛在的長期因素卻是基層社會普遍存在的職業軍人集團。這個集團的出現至少可以歸因於下列二者：一是唐初以來，士族退出基層的鄉里社會，於是基層社會出現權力重組的情形，一批新的社會領袖（土豪）開始抬頭。二是唐中期以來，流民問題及流民所引發的盜賊問題日益嚴重，唐政府無力在鄉村維持社會秩序。於是以土豪為領袖的自衛集團開始出現。唐中期以後，唐政府逐步將這種民間的自衛組織納入國家的正規軍隊中，賦與「團練」等名稱，由當地的土豪出任團練的領袖。雖然唐朝在名義上掌握了這些民間的軍事集團，但這些職業軍人集團才是實際上掌控著基層社會的人。當唐末因為「黃巢之亂」而使唐中央政府崩潰後，中國各地的職業軍人集團紛紛走向割據自立的道路，這正是五代十國時期中國長期分裂動亂的原因。

　　朱全忠（朱溫）創立梁朝，也開啟了河南集團掌握華北政局的新頁。朱全忠的最大敵人是河北的軍人集團。從「安史之亂」之後，河北軍人集團一直以武力強大著稱。在政治、軍事上，河北對於中原的優勢已隱約形成。在唐末的爭霸中，河北集團雖然一時敗於朱全忠，卻亟思反撲。李克用之子李存勗結合河北地區的勢力，發動對梁的戰爭，終至取代梁朝在華北的霸權，改國號為唐，是為後唐（西元 924–936 年）。其後五代

諸國中的開國者石敬塘（後晉）、劉知遠（後漢）、郭威（後周）皆屬於河北集團，也皆崛起於對朱全忠政權的戰爭。後來創立宋朝的趙匡胤也是出身河北職業軍人集團。

　　唐朝的崩潰也表示關中地區的優勢從此喪失，長安作為國都的時代亦告終了，此後政治的核心區逐漸東移。唐代長安的物資運輸多半依賴連接華北平原與長江流域的大運河，大運河與黃河交會口的都市開封（即汴京）在唐代時已躍升為華北經濟的樞紐（圖二十一）。朱全忠就是因為出任汴州節度使，而終於奠定了中原霸主的地位。朱全忠建國之後，即定都於汴京。五代諸國中，除了後唐為標榜繼承唐朝而建都洛陽之外，其餘皆定都於汴京。北宋統一中國後，仍然是建都在汴京。

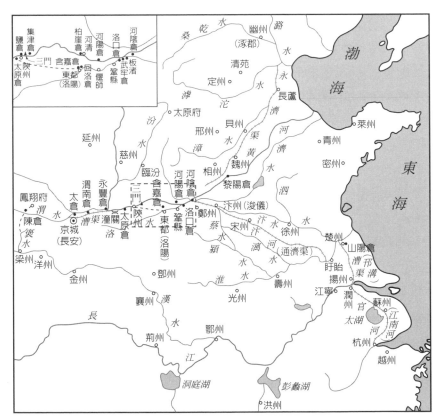

圖二十一　隋唐運河圖

北宋的建立與其立國方針

趙匡胤在後周恭帝（在位西元 959–960 年）時，任殿前都點檢，即禁軍總司令，禁軍為當時最主要的軍種。西元 960 年，禁軍擁立趙匡胤為帝，是為所謂「陳橋兵變，黃袍加身」。宋朝建立（圖二十二）。

宋太祖趙匡胤展開統一中國的事業，先出兵平定南方的政權。在其弟太宗趙匡義（在位西元 976–997 年）時期，吳越被併入宋的版圖，南方的軍事行動結束。西元 979 年，北漢遭宋征服，中國復歸統一。

趙匡胤為禁軍所擁立，故他深知職業軍人集團的弊害。北宋士大夫的興論也認為五代是開天闢地以來最黑暗的時代。北宋政權成立之後，即針對藩鎮體制進行改革，積極重建文官統治與士大夫的支配權。趙匡胤削減軍事領袖的兵權，使軍隊的統率權收歸於皇帝。宋太宗大力提倡科舉考試，官僚當中文人的比例逐漸增加。這批文人的科舉官僚成為此

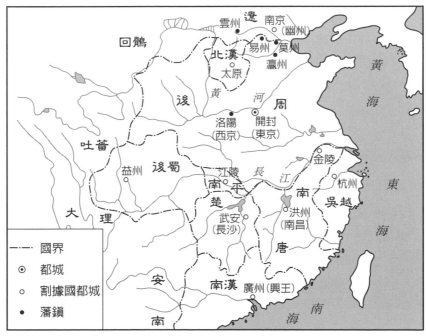

圖二十二　五代十國後期圖

後中國的主要統治階級。北宋也努力改變中央政府與地方政府的權力比重，削弱地方政府的權力，建立中央政權的支配權，此即中央集權的政策，史稱「強幹弱枝」。

東亞世界的變遷

西元十世紀，東亞發生了劇烈的變化。從西元七、八世紀以來，中國的周邊民族深受唐朝文化的影響。這些民族吸取了唐文化之後，除了獲得文化的新養分，也刺激了民族的自覺。西元 907 年，中國的唐朝崩潰，中國的周邊民族也藉機取得了更大的自立性，甚至成立國家機構，中國在東亞獨霸的地位因此受到嚴重的挑戰。西元 939 年，越南脫離中國而獨立。西元 918 年，朝鮮半島出現了一個統一的高麗王朝。中國周邊民族勢力的躍升，在中國的東北地區最為顯著，相繼崛起的民族如渤海、契丹、女真等。在今天甘肅、陝西北部到長城外的鄂爾多斯沙漠地帶則有党項的勃興。在今天寧夏地區則有西夏王朝（西元 1038–1227 年）的成立。稍後更有蒙古人的登場。

這些在西元十世紀之後登上東亞歷史舞臺的諸民族，不同於魏晉南北朝時的五胡國家，他們具有較強烈的民族意識，而且他們有自己的文字，可以用來記載民族的語言與情感，作為彼此認同的工具。契丹、女真、西夏都採取漢字之形，創造自己的文字。女真人更將漢文經典翻譯成女真文。此外，魏晉南北朝時代的胡人，都應該被視為中國境內的少數民族。而西元十世紀以後的上述諸民族，都是中國本部以外的「外族」。他們與中國之間的戰爭，不是少數民族的叛變，而是「外患」入侵。五胡是要建立中國式的政權，而西元十世紀以後的中國周遭民族則是要建立自己民族的政權。

唐滅亡之後，東北地區的契丹人坐大，建國曰遼，遼史的紀元從西元 907 年起。趁著五代時期中國內亂時，遼不斷的南侵中國。後晉末年（西元 946 年），遼太宗耶律德光（在位西元 927–947 年），揮軍進入後晉首都開封城，後晉因此滅亡。遼軍撤退後，獲得中國的今天河北北部

長城一帶的燕雲十六州。不同於五胡國家的支配方式，遼將其本部置於中國之外，而統治自中國占領的土地。遼設二套統治體制以支配胡漢二部，在原來遼的領土設北面官，是沿用遼的體制。治理漢人則設南面官，採行漢人的體制。這種二元統治的方式，為後來的女真人的金朝與蒙古人的元朝所沿用。

西元 1004 年，宋遼二國簽定「澶淵之盟」。宋朝以每年向遼提供絹二十萬匹、銀十萬兩，換得遼對宋的和平保證。兩國的關係是兄弟關係，宋為兄、遼為弟。兩國的國書互稱對方為宋朝皇帝與大遼皇帝。

這個盟約為宋朝換取了一百二十年的和平，但它對於中國的天下秩序觀念無疑是一大打擊。天下秩序的觀念強調「天下一家」與「普天王臣」，即中國皇帝為君父，天下萬民為臣子。外國的君長受中國皇帝的冊封，同樣具有中國皇帝臣子的身分。隋煬帝大業三年（西元 607 年），倭國（即後來的日本）在呈給中國皇帝（隋煬帝）的國書中，自稱天子，被中國視為「無禮」。唐太宗則以高昌國王自稱可汗，興兵滅其國。宋朝竟然能接受中外二國為兄弟關係的平等邦交，承認遼國的地位與中國對等，由此可看出東亞的新局勢，與中國的未來處境。

北宋的滅亡與南北的再分裂

在遼國勢力大盛的時期，東北地區有另一個強大的政權正在形成，此為女真人所建立的金國。女真領袖完顏阿骨打統一女真各部落，在宋徽宗時（西元 1115 年）完顏阿骨打稱帝，建國號為金，為歷史上的金太祖（在位西元 1115–1122 年）。

金建國之後，展開反遼的戰爭，於是宋金聯盟，共同滅遼。但在滅遼的戰役中，宋朝軍力衰弊的弱點暴露無遺，引發金人覬覦中原之心。金人在滅遼之後，開始大舉伐宋。西元 1125 年至 1127 年，金兵屢次包圍南宋首都汴京，汴京二度失守。第二次失守後，中國的皇帝宋徽宗、欽宗及皇室、大臣等三千餘人被擄北去，汴京城被搜括一空。人民的苦難更難以勝數，漢人男女被俘北去者達十餘萬，是為「靖康之難」，或稱

「靖康恥」。

汴京淪陷後，宋欽宗之弟趙構（宋高宗）以杭州（後易名為臨安）為臨時首都，在南方重建宋的政權，是為南宋。宋高宗紹興十二年（西元 1142 年），宋金達成協議，兩國以淮水與陝西大散關一線為國界（圖二十三），宋每年向金繳納銀絹各二十五萬疋。宋帝對金帝稱臣，接受金帝的冊封。這項和約對中國而言，除了造成嚴重的財政負擔外，無疑是極大的屈辱。中國皇帝向「夷狄」之君稱臣，並受封，顯示了漢唐之間所形成的天下秩序已經崩潰。十二世紀時期宋金的南北對立，使中國再度陷入南北朝的亂局。

西元 1135 年，金人遷都到燕京（今天的北京）。北京從唐朝以來，就是東北地區的軍事重鎮。河北集團的強大，更使此處成為北邊的重鎮。金人遷都北京，是北京城成為全國政治中心的開端，也開啟了中國歷史上的北京時代。此後中國歷朝，如元、明、清，皆以北京為首都。

蒙古人的霸業

蒙古人的興起是世界史的一件大事。蒙古人在十三世紀時曾建立起一個橫跨歐亞的大帝國。蒙古部族起源於今天外蒙古的東部，長期以來呈現部落分立的狀態，族人以游牧騎馬為生。成吉思汗（西元 1162?–1227 年）統一了蒙古部落，西元 1206 年，成吉思汗接受大汗的尊號，正式肇建蒙古國家。從成吉思汗開始，蒙古人西征中亞，其勢力一直延伸到俄國、東歐與西亞，建立起四汗國，即察合臺、窩闊臺、欽察與伊兒汗國。

在東亞方面，蒙古軍隊在西元 1234 年滅金，成為華北的霸主。滅金後，蒙古與宋開始交鋒。在此期間，中國周遭諸國，如在雲貴高原上的大理、在西藏的吐蕃，與越南的交阯、朝鮮半島的高麗，都為蒙古人所征服。

西元 1271 年，蒙古大汗忽必烈改國號為元，以今天的北京為首都，當時稱作大都。這座城市是忽必烈派人精心設計建造的，它的設計理念是依照中國的禮制。這也展現出忽必烈要當中國式天子的決心。元大都

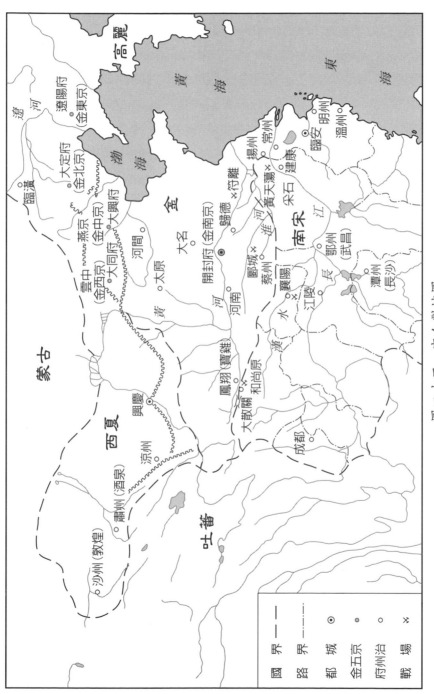

圖二十三　宋金對峙圖

成為當時世界的首要城市，它壯麗的宮殿，繁榮的商業，富庶的居民，曾讓義大利商人馬可孛羅（Marco Polo，西元 1254–1334 年）驚嘆不已。元大都城也奠定了明清北京城的規模。

忽必烈政權的成立也促使蒙古帝國從此分裂，西方的四汗國各自分立。忽必烈的勢力只及於以中國為核心的東亞，元成為一個中國的王朝。西元 1276 年，南宋首都臨安被蒙古攻陷，宋政權垮臺，蒙古人統一中國。這也是中國歷史上，北方游牧民族第一次占領江南，並建立政權（圖二十四）。

元朝的統治與農民叛變

蒙古在中國的統治方式，延續遼以來的二元統治的體制，以漢人之法治理漢人，以蒙古人之法治理蒙古人。元朝將人民分為四類，蒙古人為第一等人，中亞的色目人為第二等人，這二類人構成當時中國的統治者。原本金朝統治下的人民稱為漢人，南宋故土的人民為南人。後二類人在政治與法律上都受到差別待遇。

蒙古統治者並不尊重漢人的社會結構與價值觀。漢人儒生是歷來的統治集團成員，但在蒙古的統治下，受到賤視。元朝雖然在仁宗時期（西元 1314 年）開始實施科舉制度，但漢人能分配到的名額極為有限，蒙古人與色目人卻能輕易上榜。在社會階層的分類中，儒生排名第九，僅高於乞丐。

元朝後期，長江流域的農民遭受嚴重的賦稅剝削，造成農業生產衰退，通貨膨脹。蒙古統治者信奉喇嘛教，濫設寺院，並且不斷提高蒙古貴族的俸祿與歲賜。元代的紙鈔流行，稱為交鈔。但元朝為了解決財政危機，濫發交鈔，使得紙鈔的信用崩潰，物價暴漲。至元朝末年時，經濟已陷入一片混亂。

元朝末年，農民叛變激烈。叛亂集團中以信仰白蓮教的紅軍系統最有勢力。白蓮教相信彌勒佛將降世，明王會誕臨人間，他們將帶領苦難的農民追求人間的淨土。因此白蓮教信仰是以否定現世為號召，主張進

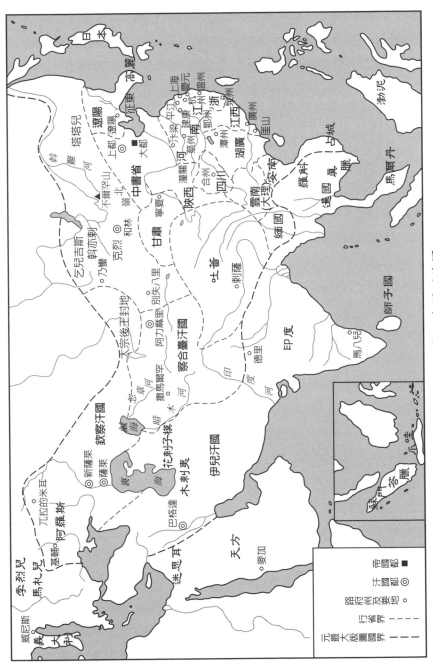

圖二十四　蒙古帝國疆域圖

行較激烈的社會革命。在元朝末年，白蓮教的勢力遍布黃河、長江流域。

明朝的建立

　　後來在紅軍中脫穎而出的是朱元璋（西元 1328–1398 年）。朱元璋是一位貧農之子，年少時曾出家為和尚，在遊歷的經驗中，目睹當時社會的慘狀，因此成為白蓮教的信徒。西元 1352 年，朱元璋參加紅軍，後來成為這支軍隊的領袖。

　　朱元璋在勢力基礎逐漸穩固之後，進一步想當全中國的皇帝，因此他逐漸改變白蓮教的叛亂集團性質。在占領今天的南京（西元 1356 年）的前後時期，他決心放棄下層社會的白蓮教信仰，改以儒教為號召，強調自己的中國正統地位。於是他積極網羅士大夫加入政權。換言之，朱元璋不再是反體制的白蓮教叛軍領袖，而是中國傳統體制的捍衛者。他所領導的革命是一場民族革命，而不是社會革命。在占領南京之後，朱元璋展開北伐，更進一步公開宣稱他要做儒家教義下的中國天子，將政權建立在士大夫的支持之上。在北伐的檄文中，朱元璋提出：「驅逐胡虜，恢復中華」的口號。

　　西元 1368 年，朱元璋在南京登基為皇帝，是為明太祖，建國號為明，年號洪武。這一年，明軍攻入元大都，元朝對中國的統治（西元 1279–1368 年）至此結束。在明朝的第三任皇帝明成祖朱棣時期（在位西元 1403–1424 年），明朝的首都由南京遷往北京。

　　朱元璋政權的建立，以及他所定下的政策，深刻影響了此後明清五百多年的中國歷史。朱元璋自己是農村破產下的犧牲者，所以他上臺之後，努力重建鄉村社會。他的理想是重建秦漢以來的「編戶齊民」社會。有鑑於當時中國土地因經濟崩潰與戰亂而大量荒廢，明太祖乃實行大規模的徙民運動，令農民移居到無主荒地，且由國家協助農民在移居地進行生產活動。明朝也以法律限制農民必須固定在土地上，並以建立自給自足的農村為施政目的。明太祖為重建賦役制度，所以展開大規模的丈量土地與清查人口的工作。丈量土地的成果編成《魚鱗圖冊》，清查人口

的報告則有《賦役黃冊》。藉著這些人口戶籍資料，國家可以直接向農民抽稅。

明初的這些政策的確使得經歷元末大亂的農民能夠安頓下來，進行生產活動。但洪武時期的政策為後代所繼承，卻有其嚴重的弊端。洪武的政策無視於明代的社會經濟已大不同於漢唐之間，尤其是面對工商業部門的發達，國家卻從不曾認真的以法制去規範這些蓬勃的社會力，政府的施政也無法與工商業彼此協調。以法典的編纂為例，洪武年間，明朝展開法典的編修，此為《大明律》的修纂。然而這部法典卻是承襲自七、八世紀的唐律。唐明之間，中國的社會經歷了相當大的變化，卻不能反映在法律上。當時中國統治機構對社會變化的反應遲鈍，必須為近代中國的失敗負起責任。

清朝的建立

清人是屬於住在東北的女真人，這個民族曾建立金國，統治過華北。蒙古滅亡後，女真歸附明朝。明朝後期，中國對於東北地區的控制力衰退。萬曆二十年（西元 1592 年），日本豐臣秀吉出兵朝鮮。由於中國為朝鮮的宗主國，乃出兵抵抗日本。這場戰役雖然阻止了日本染指朝鮮，但中國方面損失慘重。中國在東北地區的軍事力量大幅縮減。女真部落首領努爾哈赤（在位西元 1616–1626 年）則統一了分裂的女真部落，至其子皇太極在位時（西元 1636 年），改國號為清。

清人所面對的是一個分裂、動亂的中國。一方面，官僚集團各自結黨，或勾結宦官，彼此攻詰。其中最有名的政爭為東林黨事件。事情的起因是顧憲成罷官回鄉里，在無錫的東林書院講學，以君子自居，嘲諷當道，評議時政，並與朝中的部分官員結合。這批人被指為東林黨。明朝末年，無錫所在的長江三角洲與太湖流域地區，是士大夫社會的樞軸。東林黨的議論很快的在士大夫間流行，對朝廷構成極大的壓力。明熹宗、思宗時（西元 1621–1644 年），東林黨與非東林黨互相傾軋。士人多以黨爭為務，置天下興亡與人民福祉於不顧。

　　另一方面，在清軍對明朝發動攻擊之際，明朝內部正苦於接連不斷的叛亂。此時，陝西、山西一帶，災荒頻仍，許多人民的生活已陷入絕境。明朝為了對付清軍，籌措軍費，實施加稅的措施，即所謂「遼餉」。然而明朝駐在西北地區的軍隊仍然發不出薪餉，軍情不穩。許多軍人逃亡，參與農民的暴動。這些武裝團體不設根據地，採取游擊戰，以劫掠為目的，明朝政府稱之為「流寇」，最重要的兩股勢力是張獻忠與李自成。其中李自成打出「五年不徵」（五年之內不向農民徵收賦稅）、「貧富均田」的口號，符合農民的熱望，乃吸引廣大農民隊伍的加入。李自成因此以西安為首都，自立為王，國號大順。

　　西元 1644 年，李自成攻入北京，明朝滅亡。明朝駐在山海關的將領吳三桂與滿清執政多爾袞聯兵，攻入山海關，驅逐李自成的勢力，但同時卻讓清人在北京建立起自己的政權。清朝並以掃蕩李自成等流寇為藉口，進軍中原，終至占領全中國。

　　清朝的體制雖然仍確立滿人的優越性，但不同於元朝，它一開始就自認為是中國的正統王朝。而且清朝利用各種方式宣示王朝的正統性，例如禮遇漢人士大夫，舉行科舉考試以提拔士人進入政府，召集儒生編纂典籍，這類的典籍如《明史》、《古今圖書集成》、《四庫全書》等。清朝的這些措施的確使得多數漢人士大夫承認清朝政權代表中國文化。漢人對於滿清的認同，可由下面這個事件看出。西元 1850 年代，漢人洪秀全領導「太平天國」，展開反清的革命，但這場革命卻遭到許多漢人士大夫的反對，原因之一是洪秀全以反儒家思想為號召。相對的，清朝是儒家思想的捍衛者，所以漢人士大夫寧可支持「異族」的滿清，也不願附和漢人領導的太平天國。

　　但是清朝的政策仍有其弊端。清人統治者為了宣示他們的正統性，一味的保留過去的體制，尤其是洪武以來的體制，反而失去了因時改革的能力。在滿清統治的時期，雖然這些滿人皇帝大多堪稱勵精圖治，但整個國家的制度仍顯現出衰老、腐敗的徵兆。待西方勢力進入中國，它只有接受徹底崩潰的命運。

宋以後地方政府的萎縮

以上我們敘述了宋清之間的朝代興衰，以下繼續檢討這段期間內政治社會的主要問題。

宋朝鑑於唐末五代地方軍閥各據地盤，抗拒中央，故實行強幹弱枝之法，以削減地方政府的權力。首先，為削弱地方首長的權力，在地方政府之內實行分權，使事權不歸於一人綜攬。宋代的地方行政等級中，路為一級，府、州、軍、監為一級，下置縣。府、州、軍、監設長官之外，又設通判，形成二個系統。所有的公文書除了長官簽署之外，均須通判連署才有效力。路設有安撫、轉運、提刑、提舉等使職，負責民刑軍司法等業務，各自為政，向中央負責。於是宋代的地方可以說沒有首長。明清多承襲這種制度，目的也在使地方官彼此牽制，方便中央控制。地方長官凡事只有請示、聽命的分。

其次，地方政府沒有法制上的地位。宋以後，地方長官多非專職，而以中央官的名義兼任，如宋朝皆命中央官「權知」州縣之事，所謂「權知」，就是臨時管理的意思。元代創置「行省」制度，行省的本質是中央駐地方的統治機構，而非地方政府。明清延續這種行省制度。清代的地方首長如總督、巡撫，仍帶中央官員的性質。

最後，宋以後地方政府的組織大幅度縮小。而且地方的財政權日益集中在中央，地方的稅收悉數繳送中央，能夠留在地方政府使用的，只是一小部分。在有限的人力與預算下，因此地方政府的業務主要限於抽稅與維持治安，以及主持地方上的禮儀活動。

地方政府功能不彰的結果，對於中國的發展有極大的負面影響。宋以後，中國社會發生了許多的變化，這些新的社會力有賴於政府加以協調與規範。而且各地方有不同的問題，需要個別解決。但地方政府卻沒有太大的能力去處理，而中央政府更以僵硬的全國性法規解決各地方不同的問題。國家與社會不能協調，由此可見。

科舉官僚成為新的統治者

唐亡以至宋興，士族沒落，一批新的科舉官僚成為此後中國的統治者。六朝隋唐時期少數家族可以壟斷上層官僚界的情形已不再發生。隨著科舉的發達，中國的政權更加開放，更能普遍的紮根在社會，不再為某些地域集團所把持。宋以後，中國國家的正當性之一，在於它能依循儒教的標準，定期的從民間社會選拔人才以成為國家的官僚，科舉便負擔著這樣的功能。

宋以後，對於科舉應考者的資格，沒有太大限制。然而一般而言，能夠「十年寒窗無人問，一舉成名天下知」的人，多屬於中上等的家庭。在明清時期，商人子弟考上科舉的情形十分普遍。但在另一方面，科舉考試確實提供了中下層的地主家庭子弟一個求取功名的管道。在明清時期，普通人家的優秀子弟，也有機會靠著宗族的協助，參加科舉考試而成為官僚。明清時期，科舉考試限於四書、五經命題，而且以朱熹的《四書集注》為標準本。這種作法雖然有限制思想的弊端，但它也使得參加科舉考試的成本降低，讓更多人得以參加考試。

宋太祖確立殿試的制度，即科舉考試的最後程序是皇帝親自面試，並且由皇帝決定錄取的名次。如此一來，錄取的士人都成為天子的門生，而這些士人將來也成為國家的上層官僚。這種官僚與皇帝之間的師生結合關係，更加強了士人對於皇帝的效忠。

宋以後，通過科舉考試而上升的士大夫，成為中國政治社會的領袖。清光緒三十一年（西元 1905 年），科舉遭到廢止，科舉時代正式結束，也意味著士大夫時代的結束。此後，取代士大夫權力的將是新式商人、民選官員與政黨官僚。

鄉紳與地方政治

宋代以後的社會領袖可籠統的稱為鄉紳或士紳。鄉紳的來源與科舉有關，尤其是在明清時期，鄉紳主要是指現職或退職的在鄉官人，以及

有入仕資格者，如進士、舉人（省級科舉考試錄取者）、監生（中央官學的學生）。這種入仕的資格稱作「功名」。這類的鄉紳與漢唐之間的豪族或士族相比較，他們從政的憑藉是以知識取得科舉的身分，而沒有鄉里的勢力為基礎。

由於科舉制度的發達，因而製造出許多士大夫，但其中能入仕者，終究是少數。多數的監生、生員滯留在地方。明清時期，那些地方科舉及格但無法進入官僚界的士人，掌握著地方政府，成為一股在地勢力。明太祖曾賦與生員諸多特權，要求他們協助地方政府的行政工作，同時也是制衡地方政府。明代的鄉紳積極的參與縣政，縣有公事，也會召集鄉紳商議。換言之，明清時期地方上的監生、生員已經可以公然的介入地方行政，生員所處的學校成為地方上議政的場所，如縣學的「明倫堂」常是他們議政的場所。

這種有功名的士人，成為社會的新領袖。他們也感受到中央集權的壓力與不合理。在明代，許多鄉紳主張他們有權介入當地的行政事務，如明末太倉州（江蘇太倉）的生員陸世儀認為徵稅、政令與司法等政策皆由中央頒下，地方上的人民毫無參與的權利，所以主張生員必須有權制衡。無錫的東林黨人也持這種看法。

明朝中後期，鄉紳控制地方社會的情形愈來愈普遍，但這種作法在中央政府的眼中是「把持官府」，因此如果有鄉紳超越界限，立刻遭到當局鎮壓。明代地方政治腐敗，許多生員帶頭反對地方官的橫徵暴斂，而走上造反一途，此即明末劇烈發展的「抗糧」事件，或稱作反地方官的「士變」。明末朝廷對於這一類的士變採取強烈的鎮壓。接著清人入關，對於士人的態度更加強硬。清朝初期，尚允許士人在明倫堂召開地方會議，從雍正（西元 1723–1735 年）初年起，清廷便開始禁止鄉紳在明倫堂集會。

歷次士變的失敗，反映出士大夫與民眾之間的組織薄弱。西晉「永嘉之亂」後，地方豪族尚可以組織民眾，建立軍隊，長期對抗胡人。宋以後，士大夫社會的無力即充分反映在中國的漢人政權兩次亡於外族。

以明亡為例，當北京淪陷後，中國幾乎立刻土崩瓦解，毫無招架之力。當時民間所發動的抗清力量主要是因書院講授而結合的師生團體。

胥吏政治的弊端

如第三章所述，隋文帝廢鄉官之後，州縣的次級官員也不可以由本地出身者擔任。再加上地方長官有一定的任期，不能久任一地，所以與當地的民情相當隔閡。因此地方政務的推行有賴於一批當地人士。科舉考試普遍實行後，要成為國家正式的官員只有通過科舉一途，而那些無法循科舉上升之人，只有在地方政府中擔任吏職，通稱胥吏，於是儒與吏判然二分。

宋以後，地方政府的經費有限，但繁雜的行政事務又必須有人處理，故徵稅、訴訟等事務不得不委託胥吏辦理。由於這些人不屬於國家的正式官員，國家不支付薪水給他們，但政府又必須提供他們生活費用，所以胥吏可以就所辦理的業務，向洽公的人民收取規費。當然人民為了遂行私人利益，而向胥吏賄賂，也是政府所默許的。這批胥吏經常是地方上的特殊勢力。這批人長期把持胥吏的職位，他們代表地方上的土豪利益。另一方面，他們沒有正常的上升管道，某些人只有憑藉官府的力量，作威作福。好比胥吏可以操縱司法審判，人民向官府提出訴訟，必須透過胥吏為中介，經常因此傾家蕩產。明清時期的胥吏政治破壞了官僚制度應有的公共性質。

第二節　經濟與文化的變遷

經濟重心的南移

在唐代，中國經濟的核心區域已經由華北轉向江南。本文所指的江南是泛指長江以南，但不包括四川及雲貴地區。隋文帝與隋煬帝時期，開通了華北到江南的大運河。唐代的政治中心仍在華北，尤其是關中，

但是華北的經濟衰退，已經不足以支撐中央政府的運作，而必須依賴大運河所輸入的江南物資。唐代的長安居民經常處於饑荒的威脅，皇帝也不例外。西元八世紀末，長安因為糧食缺乏而發生饑荒，三萬石米適時從江南運來，唐德宗接到報告後，興奮的拉著皇太子的手說：「吾父子得生矣！」

西元前二世紀的司馬遷曾以地廣人稀、生產技術停留在水耕火耨的階段、人民沒有儲蓄且多貧窮，來形容江南地區的經濟落後。所謂水耕火耨是一種原始的種稻技術，是指農民在播種前，先焚燒田中的雜草，待稻苗長成後，再灌水入田，淹死新長的雜草。配合水耕火耨，還必須實施休耕制度，才能恢復土壤的養分。

東漢以後，江南的農業獲得了良好的發展機會，一來灌溉技術的進步，使得南方的水利設施得以興築，水稻田的面積於是迅速的擴張。其次，鐵農具的普遍使用，使得南方肥沃的土壤得以開發。再者，北方漢人的不斷南移，提供了農業所需的勞動力。漢末大亂，北方漢人已經開始南遷，尤其是「五胡亂華」之後，北方漢人更是大規模的南來。漢人帶來了進步的生產力與生產技術，以及勤勞工作的價值觀。六朝時期，以長江下游三角洲以及太湖流域揚州地區的開發最為迅速，長江中游的荊州地區也出現很高的經濟成長。

在唐代，根據史料的記載，江南興修水利的次數是華北的二倍。從唐代中葉起，水稻在全國糧食生產中，開始占首要地位。這也反映出南方水稻培植技術的大幅度提升。

至於中國的經濟重心在何時移到江南，學者之間頗有爭議。無論如何，我們可以確認在西元十一世紀的北宋時期，經濟重心已在南方。西元十二世紀，南宋在江南建國，從此南方的經濟優勢已完全確立。就人口而言，北宋中期，南方的人口數占全國的三分之二。雖然南方的平原較少，但由於勞動力的充分運用，荒地逐步被開發。南方精耕細作的水準也開始超越北方，今天的江蘇南部、浙江、福建的稻麥連作制，一年可以有二熟。就貨幣的使用與商品經濟的程度而言，在南朝後期時，江

南農產品商品化的程度可能已經比北方高。宋代以後,南方的貨幣使用率與商品經濟的程度已經明顯超越北方。

南方經濟的繁榮也反映在南方士大夫的日居要津。南方士大夫在唐朝居相位者僅約十分之一,在北宋真宗時(西元 998–1022 年),宰相中有超過半數是南方人。明代相當於宰相的內閣大學士中,更有三分之二是南方人。

西元七世紀以後,亞洲地區的海上貿易興盛,東南沿海港口成為重要的貿易重鎮。南宋時期,海外貿易的所得在國家財政收入上占有相當的比重。廣州、明州(浙江寧波)與泉州是南宋的三大對外港口。其中位在閩南的泉州是阿拉伯人來華經商的根據地,從這裡經南海、印度洋,到達阿拉伯半島,為「海上絲路」。海外貿易的發達也帶動了南方經濟的進一步繁榮。

江南的開發

江南多湖泊與山丘,就古代的技術水準而言,開發不易。但唐末以來,由於灌溉技術與梯田技術的成熟,江南的開發得到長足的進展。

「圩田」的出現對農業生產作出了很大的貢獻。圩田是在低窪沼澤地,包括湖泊、池塘等,修築堤防,排除水分、鹽分,製造新耕地。圩田又稱「圍田」。圩田首先在長江下游三角洲、太湖流域出現,由於治水營田的成功,帶給這個地區空前的繁榮,西元十一、十二世紀時,已有「蘇常熟,天下足」的諺語。圩田很快的拓展到長江中游與珠江三角洲。

唐末以後,農民利用「層蹬橫削」法,使山坡地成為可耕地。「層蹬」是在山坡地修起層級的階梯,「橫削」是將每層階梯削成平面。梯田的開發大幅促進山區的農業生產,農民源源不斷的進入山區墾殖。從此,我們所看到的江南是青山環繞,綠水蜿蜒,梯田遍布。

在農作物方面,西元十一世紀初,從中南半島引進了屬於早熟稻的「占城稻」。早熟稻配合晚稻的種植,江南的稻米生產可以一年二穫。福建、廣東的某些地方,稻米甚至可達一年三熟。元朝以後,棉花的栽培

在江南地區十分普及。長江下游三角洲與太湖流域的許多地區，成為棉花的專業區。明代以後，棉布已成為最普遍化的布料。棉花不同於一般的糧食作物，它是一種經濟作物，它的普及化會帶動商品經濟的活躍。而農戶生產、行銷棉布，也必須與城市內的市場發生密切的關係。明清江南許多市鎮的興起都與棉布產銷有密切相關。

商業的興盛及其危機

　　宋以後，中國經濟發展的重要方向是市場經濟與商品經濟的日益發達。雖然自給自足的農業型態始終存在於近代以前的中國，但由於生產力的大幅提升後，農民有愈來愈多的存糧可供買賣，交易市場自然形成。因此，農民的收入中有相當一部分是來自於市場交易。在此同時，農民也從市場購買消費品。因此，物價的波動開始影響廣大的農民。農民一步步的被捲入市場經濟的網絡中。隨著商品交易的發達，尤其是貿易量的增大，以及遠程貿易的擴張，貨幣的使用也愈來愈普及。這些現象在江南地區尤盛。

　　宋元時期，紙幣成為交易的媒介。在北宋初年，即西元十世紀末，成都地區的商人組織開始發行「交子」，以取代笨重的金屬貨幣。交子是世界上最早的紙幣，但它的流通只限四川地區（圖二十五）。到了南宋時期，紙幣的流通開始普遍化。元世祖即位後不久，開始印製「交鈔」，成為元朝的法定紙幣。紙幣的使用一直到明朝中葉為止，其後由於白銀的流通，紙幣便不再通行。

　　明中期以後，中國的主要貨幣是銀。西元十五、十六世紀世界經濟發生很大的

圖二十五　交子圖

變化，由於歐洲人占領美洲，獲取此區的大量白銀，白銀成為主要的貨幣。由於中西貿易量的日趨繁盛，中國對外輸出絲織品、茶、棉布、陶瓷器等，換取歐洲商人（尤其是西班牙人）手中的美洲白銀。從此中國被納入以西方先進國家為主的世界經濟體系，銀也成為中國的主要貨幣，一直到西元二十世紀初期為止。

商品經濟與貨幣經濟的發達也影響到政治的發展。北宋王安石（西元 1021–1086 年）曾主持變法，他的改革方向是將國家財政商業化。秦漢以來，國家的統治理念是想控制人民的勞動力，所以在人民的賦役負擔中，勞役（包括兵役）的部分是十分沉重的。在北宋時期，地方政府的許多行政業務仍是抽調當地的人民來負擔。王安石主張所有的勞役都改為納錢，政府在取得這筆錢之後，再到人力市場去雇人為政府工作。這是一個進步且具前瞻性的作法，但卻遭遇極大的阻力。其間的癥結在於，王安石的構想是來自他在南方的經驗，但他忽略了南北經濟發展不平衡的現實，一般的華北農民與市場的關係較淺，沒有錢可以繳納稅金。在王安石的新政下，華北農民被迫將收成賣給市場，以便繳稅，結果受到商人嚴重的剝削，可謂未蒙新政之利，反受其弊。

元朝中期以後，蒙古統治者為了籌措財源，濫發交鈔，致使紙幣的信用崩潰，幣值下跌，物價上漲。由於江南地區農民的生產、消費皆與市場經濟息息相關，故通貨膨脹使他們受害甚深。這也是元末江南地區農民叛變頻仍的原因之一。

明代中葉的西元十五世紀之後，由於白銀的普遍使用，江南地區首先實施以銀納稅，其後在華北實施。但這項措施也有它的弊端，它強迫農村農民被捲入貨幣經濟的網絡中，他們的生活必須受到物價的威脅與商人高利貸的控制。

江南市鎮的興起

在唐朝中期以前，中國的城市主要是具有政治、軍事的功能。這類城市是郡縣政府的所在地，是國家派駐在地方的代表，城內駐紮官員與

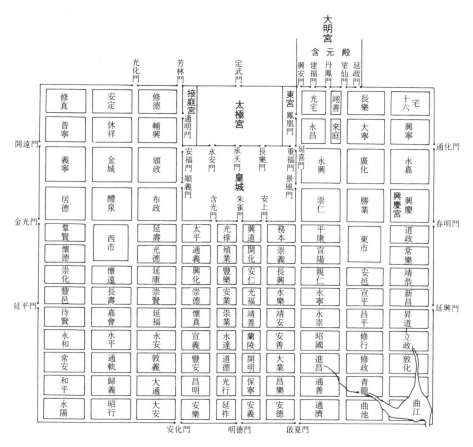

圖二十六　唐長安城圖

軍人，負責支配鄰近的農民。城外築有高牆，城內再細分為坊，坊外也築有牆。城門在清晨開啟，在黃昏關閉。在長安一類的重要城市，更實施宵禁，入夜後，一般人不得在坊外的馬路上活動。商業活動更限定在一定的區域內，稱為市。如長安城有東市與西市（圖二十六）。我們稱這種城市的型態為「坊市制」。

　　唐代中期以後，由於經濟的繁榮，「坊市制」崩潰。一方面，由於市場經濟的日益發達，許多的農村生產品開始商品化，而在市場行銷，所以郡縣城市以外的市鎮出現，當時稱之為「草市」。它提供農村居民就近交易的場所。另一方面，坊市制度對於商業活動的諸多管制，也因為經

圖二十七　〈清明上河圖〉（局部）所描繪的北宋汴京

濟的繁榮而遭打破。宋朝以後，在許多大城市內，經濟活動也不限在法定的「市」內，街上到處商店林立，夜市也出現了。〈清明上河圖〉（圖二十七）所描繪的北宋首都汴京的風物，呈現出一片繁榮與自由的景象，大不同於實施軍管的唐代長安城。宋以後，中國城市的性質，由郡縣行政城市轉變成工商業城市。這類的工商業城市在江南地區尤多。

　　西元十五、十六世紀之後，這類的工商業城市更朝向專業化的方向發展。由於江南地區商品經濟的發達，農民紛紛放棄種植生計作物，而改種經濟作物，如棉花。因此許多農村附近的市鎮成為工商業的根據地，如棉布產銷的專業區出現，由鄰近的農村提供原料，巨大的市場經濟網絡逐步形成。這類的城市尤其是集中在長江下游三角洲到杭州灣的大運河沿岸，如南潯鎮、烏青鎮的絲織業，蘇州的市鎮在西元十八世紀時則是全國性的米糧市場。由於經濟的繁榮，以蘇州為中心的地區成為明清文化的重鎮（圖二十八）。

　　工商業市鎮的出現，也使得城市勞工成為另一股社會力量。但由於明朝自開國以來，施政的方針在重建以小農為主的編戶齊民社會，從未認真的思索如何規範城市的新興勢力，因而導致抗爭不斷。明朝城市工人的抗爭運動，通稱為「民變」。如萬曆二十九年（西元 1601 年），蘇州織布業的工人二千多人，為了抗議重稅導致失業，集體包圍地方上的官

圖二十八　清徐盛〈盛世滋生圖〉（局部）所描繪的清中期蘇州的商業活動

吏之家。這一類反官僚體制、反租稅的勞工運動，在各大城市爆發。清朝政權成立後，也未謀求對策以解決城市問題。

工商業團體的新發展

　　宋以後，商人團體也有新的發展。在唐以前，商人必須在國家所規定的市內營業，而且相同的行業編成一個團體，稱作「行」。行的存在是政府為了方便稅收，而不是商人自發性的組織。在唐朝末年，另一種稱為「社」的工商團體出現，這類社的組織多以宗教為結合的媒介。

　　隨著坊市制的崩潰、市鎮的普遍興起、遠程貿易的發達、商業活動的繁盛，工商業團體也有了新的型態。從明中期的西元十六世紀之後，一種新興的工商業團體出現，這類團體被稱為「會館」、「公所」。不同於

唐代的「行」，會館、公所是一種商人自發性的結社，而且還得到政府的承認，具有合法性。西元十八、十九世紀時，會館、公所已經普遍存在於中國各大城鎮中 ❶ 。

在宋以前，商人的地位遠遜於士人，甚至他們的勞動價值也比不上農、工，因此有所謂士農工商的排序。但隨著商業的進步，明清社會對於商人的態度也有明顯的轉變。一方面，明清時期，進士出身商人之家的情形十分普遍，尤其是巨富鹽商的子弟成為進士乃科舉的常態。清代捐官之門大開，商人以捐官為謀得官職的捷徑。另一方面，士人經商的情形也十分普遍，這在唐宋時期都還是被禁止的。這種轉變的原因之一，是由於明清時期人口急速增加，但進士的名額沒有相對增加，因此考中功名的機會愈來愈小，許多士人只有「棄儒從商」一途。

明清時期商業的重大發展之一，是遠程貿易的增加，尤其是民生用品中的米與棉織品的運輸與貿易。全國性的市場網絡在西元十五、十六世紀時成立。由京杭運河連接長江，再由江西的贛江通往嶺南，成為貿易的主要路線。其次，長江中游航運的開通，也開啟了華中的貿易線。再者，海岸貿易也愈來愈重要，終至取得主導地位。於是全中國終於跨越經濟區域的隔閡，成為一個「民族市場」。

明清時期出現許多商人集團，這些團體又稱「商幫」，重要的如山西商人、安徽商人。山西商人主要在國內各地運銷米、鹽等民生用品。他們又從事金融業，稱作「山西票號」。安徽商人又稱「新安商人」，他們以鹽致富，經營遠程的米、棉交易。西元十八世紀中期，歐洲人到廣州貿易，清廷賦予廣州「行商」獨占國外貿易權，於是廣州商人興起。清朝末年，由於「五口通商」，上海成為中國最大的城市與港口，寧波商人

---

❶ 有關明清會館、公所的性質，歷來爭議頗大，可概分為二種觀點。一是主張此種商人團體是一種前近代的組織，其組織的紐帶是地緣、血緣，而以阻礙市場競爭為目的。二是強調這類團體的現代性，它們是一種以營利為目的的自發性結合，其組織方式與現代的商會相去不遠。這方面的討論可參考邱澎生《十八、十九世紀蘇州城的新興工商業團體》。

又成為上海最重要的商幫。

庶民社會與城市文化的形成

宋以後，中國文化出現了新的面貌，我們概括而言，稱之為「庶民文化」的出現。

庶民文化出現的社會條件是市場經濟的成熟。西元十五、十六世紀時，中國的全國性市場網絡成立，地方的工商市鎮也如雨後春筍般的出現。一方面長程貿易量增加，全國性的商幫往來於大城市之間，另一方面地區性的市鎮也成為附近農村的社交、文化的中心。因此宋以後，尤其是西元十五、十六世紀之後，一個嶄新的城市文化改變了舊有的文化面貌。

唐以前，中國的文化傳承是憑藉士大夫家族的教育機制，士族的家學門風是當時文化的主要內容。唐中晚期之後，中國的文化重心由士族的家族轉變到城市中，城市中的紳商階級成為新時代的文化主導者。由於經濟的相對富裕，城市居民也創造出精緻的城市文化。

由於城市生活的需要，社會也出現變貌。行政組織之外的民間社團普遍出現。西元十五、十六世紀之後，紳商推動一連串的社會福利與公共建設，如育嬰、養老、惜字、義學及社倉等慈善機構，因此城市中普遍出現育嬰堂、惜字會、善堂等慈善組織；以及鋪路造橋、水利興修、防火、建廟等公益活動。這些由紳商所主導的社會活動，反映出官僚制度無法規範城市生活，以及商人在當時中國社會上的主導地位。商人為了方便工商業活動的運作，而在城市中所設立的「會館」、「公所」則是另一種民間社團，前面已有介紹。城市中的士大夫也為了追求精緻文化而集結成各種社團，如學堂、詩社等。下層民眾也秘密結社，一個有別於儒家教義與上層社會的「黑社會」也出現，其中最有名的就是白蓮教，以及清朝以反清復明為號召的諸多秘密幫派。

多采多姿的民間文化應運而生，尤其是發生在城市之中。早在唐代，民間社會便經常舉辦佛教的齋會、誦經及俗講。俗講顧名思義，是指通

俗性的演講，由主講人講述通俗易懂的佛教學說，偶爾也包含通俗性的儒家學說。民間也出現「變文」，其內容是講述民間的故事傳說。

北宋以後，尤其是南宋西元十二世紀之後，印刷術開始普及。由於科舉考試的普及，科舉用書的需求量大增，這類印刷品首先在城市中流通。又因為城市消費層廣大，營利性出版事業也相繼出現。宋朝以來，民間戲曲也因為有了廣大的觀眾與聽眾，而大為流行。其代表如宋代的演藝、說話，元代以後民間戲劇大盛，著名的藝術形式如元曲、雜劇等。拜印刷術發達之賜，通俗小說在全國流通，小說家具有全國性的知名度，元明之際，《水滸傳》、《三國演義》的出現為其中的著例。西元十五世紀之後，一些實用性的書籍開始在全國流通，比如教導讀者如何養生，如何種花蒔草等。這種現象都反映出一個蓬勃發展的庶民社會與文化。

東亞海域貿易圈的形成與海禁

西元十五世紀以來，中國東邊的海域，形成了一個海上貿易的網絡，中國、日本、韓國的商人透過海上船隻的往來，進行頻繁且大規模的貿易。且十六世紀以後，歐洲商人也來到東亞。他們以今天的菲律賓呂宋島為根據地，開始跟東亞諸國貿易。因此東亞的貿易圈也擴及南方的菲律賓等地。

然而，明朝政府卻逆勢而為，明初即實行海禁，禁止人民出海與外國人進行貿易。政府只在特定的港口設置市舶司，如廣州、寧波與泉州，准許那些領有中國官方證照的外國船隻進港貿易。這些船隻需要以朝貢的名義才能領有證照，且被嚴格限定來華的次數。有學者稱此為「朝貢貿易」。但民間貿易的需求自然不是官方所能規範的，故被官方視為走私的貿易行為橫行整個東亞海域，但也是這種不被官方允許的民間貿易，推動了明清時代的商業發展。

清初因為對鄭成功發動戰爭，為消滅其海上勢力，在東南沿海實施海禁。等到清朝占領臺灣（西元 1683 年）的第二年，才解除海禁，並恢復海外貿易。但清朝對於海外貿易並不積極，更不用說長遠的規劃，如

清朝鼎盛期的雍正、乾隆朝，是以管控作為外貿政策的主軸。甚至在清乾隆二十二年（西元 1757 年），清朝政府關閉了其他海關，只留下廣州成為中國唯一合法與外國海上貿易的口岸，這種情形一直持續到鴉片戰爭。

　　當中國大體上在閉關自守時，國際局勢正劇變。西力東侵，本書的後文會提及。另一方面，日本也在崛起。近代以來，中國人有稱日本為「小日本」、「蕞爾小國」者，但這種因仇恨、自大而來的形容說法，並非歷史事實。十七世紀以來，日本在經濟力上急速壯大，所謂「江戶時代」的社會、經濟、文化也有驚人的進步。但同時，日本的江戶時代也實施海禁，比中國更嚴格禁止人民出國經商、訪問。清代中國東南沿岸的商人、文人、僧侶前往日本經商、傳教者不少，如長崎就留下許多這樣的故事。但清代沒有日本人到中國來參訪交流，中國人也因此不能知道日本的發展。這對於其後的中國與日本而言，是個悲劇的開始。

第三節　臺灣的開發

考古的發現

　　漢人開發臺灣的時間大約只有四百年，但從考古證據上來看，早有人類在此活動。在今天的臺東縣長濱鄉八仙洞的太平洋岸，曾發現舊石器時代晚期的人類遺址，史稱「長濱文化」。但這個遺址是否為一個固定長期的聚落，有學者存疑。到了新石器時代，文化遺址則遍布全島。就目前的發現而言，臺灣最早的以穀類農業為生業基礎的史前文化約出現在距今四千五百年前，具代表的如大坌坑遺址，在今臺北縣八里鄉，「大坌坑文化」遍布在臺灣西海岸。

　　大坌坑文化的時間在西元前二千年至五千年間。它屬於這個時期中國東南海岸的文化圈之一，我們稱之為「南島文化」，它主要分布在福建、廣東東部沿海與臺灣。南島文化有別於在華北形成的文化，而華北的文

化又是其後中原文化的主要來源。在西元前四千年左右開始，華北文化與東南海岸的南島文化互相接觸。我們推測華北文化是一種強勢的文化，不斷入侵南島文化，在西元前三千年已由北到達福建，原來的南島文化最後退居臺灣海峽的東岸，而成為日後臺灣原住民族的祖先之一。

漢民族對於古代臺灣的記載

大陸的漢民族對於臺灣有確定的概念，恐怕是元代以後的事了。明代以後，臺灣才正式登上中國歷史的舞臺。在此之前，中國文獻對於臺灣的記載是十分含糊的。

根據通說，秦漢時期，中國稱臺灣為「東鯷」，臺灣已與中國有往來。三國時的吳稱臺灣為「夷洲」，西元 230 年，吳國國君孫權曾派軍到夷洲，有學者主張這是中國軍隊首次遠征臺灣。但是否如此，值得存疑。隋煬帝大業三年、四年（西元 607、608 年），中國派遣軍隊到「流求」。歷來學者也多主張流求就是臺灣，但也有人認為此流求恐怕是指今天的琉球。無論如何，在這段期間，臺灣對於中國而言，是一個「化外之地」，與大陸之間沒有經常性的往來。

臺灣的原住民

在對於中國而言，臺灣仍是「化外之地」時，已經有許多人民在此生活。今天我們通稱這群人為原住民。一般認為原住民分為九族，即泰雅、賽夏、邵、布農、魯凱、排灣、達悟、阿美、卑南（圖二十九）。其中達悟族住在蘭嶼，其他八族多住在本島的東海岸平原與中央山脈。這九族的語言、文化、社會組織與生活方式各不相同。另外還有住在平地的族群，因為與漢人接觸較多，漢化程度較高，被稱作「平埔族」。

這些臺灣原住民在種族與語言的系統上，都與漢人不同。原住民所使用的語言是屬於南島語系，不同於漢人所使用的漢藏語系。原住民的體質與原馬來人 (Proto-Malay) 接近。至於原住民的由來，學界爭議頗大。但我們可以這樣說，從新石器時代以來，臺灣便有人類居住，大坌坑應

圖二十九　臺灣原住民分布略圖

該是史前臺灣原住民的文化遺址，至少四千多年，而且這個文化具有連續性。學者從語言學（南島語）的角度，可以將部分原住民的祖先來源追溯到當時的中國東南海岸。且有更多的證據顯示，臺灣可能是南島語的發源地之一。因此，我們可以說原住民自古便住在臺灣。又如前所述，我們不能將原住民看成是完全相同的族群。原住民中有部分可能是較晚到達臺灣（包括蘭嶼），他們可能來自於馬來半島，或經過菲律賓而抵達

臺灣。一直到西元十七世紀初期，原住民文化多未受到中國文化的影響。

「臺灣」的出現

臺灣這個名稱是出現在明萬曆年間（西元 1573–1619 年）。自十四世紀後期以來，中國的東部沿海地區深受「倭寇」之害。倭寇是這個區域海盜的統稱，這些海盜的成員包含日本、朝鮮與中國人。明代以來，海外貿易有了新的發展，尤其是中國與日本、葡萄牙商人、西班牙商人之間的貿易頻繁。但是明朝政府卻固守傳統的農本政策，實施海禁，禁止海外貿易。於是走私出現，這個地區的貿易商就以武裝集團的型態出現。浙江、福建、廣東沿岸的島嶼就成為這些海盜的根據地，臺灣也是其中之一。即使如此，一直到萬曆年間，由於東南沿海多事，漢民族的勢力才積極的介入臺灣。

列強與漢人的經營臺灣

西元十七世紀之後，由於世界海運的開通，歐洲國家的勢力進入亞洲，臺灣成為列強的爭奪地。荷蘭人曾在西元 1624–1662 年這三十八年間，占領過以臺南為中心的南臺灣。但荷蘭人並未打算在此殖民，而只是想以臺灣作為歐亞貿易的據點。

荷蘭人占領南臺灣二年後的西元 1626 年，西班牙人為捍衛他們的貿易線，占領今天基隆、淡水附近的北臺灣。在此同時，中國海盜顏思齊、鄭芝龍占據今天嘉義東石與布袋附近。這三股勢力分別在臺灣經營各自的地盤。西元 1642 年，西班牙的勢力為荷蘭人所驅逐，荷蘭人成為島上的首要強權。

西元 1644 年明亡之後，明朝的殘餘勢力以東南沿海地區為基地，從事反清的事業。其中一股勢力是鄭芝龍及其子鄭成功的水軍。西元 1661 年，鄭成功率領二萬五千名水軍，攻取荷蘭人所占領的臺灣。第二年，荷蘭人投降，於是鄭成功在臺灣建立第一個漢人的政權，也是閩南系漢人掌握了臺灣主導權的開端。鄭成功以赤崁（今臺南市）為行政中心治

理臺灣。與鄭成功一起入臺的約有五萬人，他們與原居於此的十萬漢人，共同開墾。在此時開墾的地區侷限在西部，更集中在河谷地。鄭氏政權一直維持到鄭成功之孫鄭克塽為止。西元 1683 年，鄭克塽向清康熙皇帝投降，臺灣正式納入清朝版圖。

清朝治理下的臺灣

　　清朝政府有感於臺灣在國際關係上的重要性，以及這個地區的經濟潛力，於西元 1684 年，在臺灣設置一府三縣，隸屬於福建省。

　　清朝前期實施海禁，對於大陸人民移居來臺，採取許可制，但設定相當的限制。然而，法令的限制並不能阻礙大陸人民渡海來臺，尤其是閩南人更是大批來臺墾殖。稍後，閩西、粵東的客家人也渡海來臺。

　　由於漢人的大量移入臺灣，使得漢人與原住民之間發生嚴重衝突。漢人移居到臺灣來的主要目的，是要擺脫在大陸的貧窮生活，爭取自己的土地。他們為了取得土地，不惜進入深山叢林，而與這裡的原住民發生衝突。漢人一方面侵入原住民的生活圈，另一方面破壞原住民的傳統生活方式。原住民沒有土地所有權制，所以漢人經常假借各種交易的名目，騙取原住民的土地。漢人強取豪奪也是屢見不鮮。雍正七年（西元1729 年），清朝建立「理蕃政策」，試圖確立漢人與「蕃人」的地界，但效果不彰。清朝也開始推動同化政策，在原住民地區推展漢字教育及授與漢姓。

　　西元十九世紀以後，臺灣被捲入全世界帝國主義侵略的浪潮中。根據清朝與外國所訂的修約，西元 1858 年，臺灣府（臺南）與滬尾（淡水）成為通商口岸。西元 1863 年，增加打狗（高雄）與雞籠（基隆）為通商口岸。西元 1874 年，日本藉口琉球人民在南臺灣為「蕃人」殺害，而琉球為日本的領土，所以出兵臺灣，此為「牡丹社事件」。西元 1883 年，中法戰爭爆發，法國軍艦曾進犯臺灣，砲轟今天的基隆、淡水與澎湖。

　　有鑑於列強意圖染指臺灣，清朝更加重視臺灣的地位，這反映在西元 1885 年臺灣建省。清廷更決定將臺灣作為洋務運動的示範省。西元

1886 年，劉銘傳就任臺灣的第一任巡撫，開始推行新政。在劉銘傳的主持下，資本主義的體制開始在臺灣紮根。新政措施中，首先由政府展開土地調查，一方面確保政府的稅收，也使得臺灣的地利資源可以有數據管理。此外，劉銘傳在基隆與新竹間鋪設鐵路，並購置輪船，加強對大陸、香港與東南亞的貿易。新式的郵政制度、電信制度、電燈都開始試辦。從今天的角度來看，這些措施的成效是相當宏大的。而且相較於大陸的洋務運動，臺灣的新政改革是相當成功的。這也奠定了臺灣日後經濟發展的基礎。

在清朝統治臺灣的二百多年間，漢族人口從三十萬人增加到二百五十五萬人以上。耕地面積從一萬八千甲增加到七十五萬甲。在臺灣開發的過程中，形成一種特殊的土地制度，稱之為「一田兩主制」。即先期來臺的移民或有權勢者向政府當局取得開墾權，成為「墾首」或「大租戶」。墾首再招募大陸農民來臺開墾，這些人是「墾戶」或「小租戶」。墾戶有時將開墾過的土地再租給農民。隨著時間的演進，土地的實際所有權已多轉移到小租戶。租佃關係是存在於小租戶與實際耕作的農民之間。

日據時代的臺灣

西元 1894 年至 1895 年間，中日兩國發生甲午戰爭。西元 1895 年 4 月，中日兩國簽定〈馬關條約〉。根據條約，臺灣必須割讓給日本。臺灣割讓的消息傳到臺灣之後，當地官民大為憤怒，西元 1895 年 5 月，臺灣的地方官與士紳為反對割讓臺灣的行動，宣布成立臺灣民主國，以當時的巡撫唐景崧為總統。

同年的 5 月 29 日，日軍從今天臺北縣貢寮的澳底登陸。6 月 1 日，日軍占領基隆。6 月 7 日，臺北淪陷。於是日本揮軍由北向南進攻。10 月 19 日，臺灣抗日的主力劉永福逃到廈門，抗日勢力已全面瓦解。分析抗日失敗的原因，首先，臺灣的官員是依郡縣制度本籍迴避與輪調的原則派來臺灣，這些人不願意與此地共存亡。其次，臺灣的士紳、富商為了自身利益，不是逃回大陸，就是選擇與日本人合作。而真正武裝抗日者

是那批農村地區的漢人農民，包括前述的小租戶與佃戶，以及原住民。他們是為了保衛鄉土與既有的生活方式而戰，但終究人單勢孤，無力回天。

　　日本人雖然是採取西方帝國主義的方式，對臺灣進行殖民統治，但他們所面臨的情勢卻大不相同。臺灣在歷經了清朝的開發，尤其是劉銘傳時期的洋務運動後，其經濟與文化的實力在整個東亞地區是名列前茅的。日本必須面對這些既有的社會結構與既得利益。另一方面，臺灣的漢人士大夫仍抱持著中國文化是先進的想法，對自己的文化十分自負。日本統治者必須在這樣的條件下展開對臺灣的殖民統治。

　　西元 1898 年，兒玉源太郎出任臺灣總督，日本治臺的政策確立鎮撫並用，恩威並施。對於願意與日本人合作的地主、富商，日本人奉之為士紳，給予特權。尤其是那些協助日本人肅清抗日活動的士紳，日本政府給與經濟上的專賣特權，如鹽、菸草。其次，日本政府為籠絡上層農民，正式取消大租戶的土地所有權，將土地所有權授與小租戶，小租戶成為正式的地主，並以法律保障他們的權益。在日人的統治期間，這批地主的生活獲得了大幅度的改善。

　　但另一方面，兒玉在西元 1898 年公布〈匪徒刑罰令〉，將反日的臺灣人民一律視為土匪，處以極刑。根據記載，西元 1897–1901 年之間，遭日人處死的「土匪」就有三千四百七十三人。西元 1902 年，日本在一次掃蕩抗日游擊隊的事件中，竟將接受招降的抗日分子集體槍殺，死亡者高達四千多人。

　　日人的治臺政策奉行民族間的差別待遇。日本當局鼓勵臺灣人投資工商業，但不准獨自創設與經營公司。日本政府的確用心於提高臺灣下層勞工與農民的素質，故推廣小學教育。但在另一方面，卻不願栽培高級的知識分子，對臺灣人進入高等學府嚴格設限。臺灣人始終是「二等日本人」。

　　日人在據臺之初，推動「現代化」，其實就是西化，並不將日本文化強加諸漢人身上，對於漢人的文化採取尊重包容的態度。然而，隨著日

本侵華行動的日益加劇，日本為防止臺灣人民基於民族主義，而與中國站在同一條陣線上，於是開始推行「皇民化運動」。從西元 1937 年 4 月 1 日起，臺灣人民的母語使用受到限制，報紙的漢文版面也遭廢止。甚至連臺灣傳統的戲劇、音樂、祭祀活動都遭查禁。臺灣人民被強迫奉祀日本神明「天照大神」。在中日戰爭愈演愈烈時，西元 1940 年日本統治者展開改姓名運動，企圖全面摧毀臺灣人民的自我認同。皇民化運動雖然隨著日本的戰敗而結束，但的確消滅了許多臺灣人的中國人意識。

中日戰爭的爆發，對於臺灣人民而言是一場悲劇。一方面，日本人恐懼臺灣人民會心向中國，對臺灣實施更嚴峻的軍國主義教育。但在另一方面，在大陸的中國人卻懷疑臺籍人士是日本的奸細。當太平洋戰爭爆發，大批的臺灣人被日本政府調到南洋作戰，冤死他鄉。一些臺籍人士為反對日本政權，投身中國的抗日戰爭。但也有一些臺籍人士在中國大陸加入日本扶植的政權，如滿洲國、汪精衛政權等，幫助日本人統治中國。臺籍作家吳濁流稱呼這個時期的臺灣人為「亞細亞的孤兒」。

摘　要

本章我們討論了五代至清中期的歷史演進，其重點如下。

北宋以來，中央集權的政治更加確立，其結果之一是中央強大，而地方衰弱。於是宋以後中國政治的問題主要發生在地方政治上。首先，相對於這段期間當中人口的激增，地方政府的組織與經費反而縮減，其行政能力自然萎縮。這種地方政府功能不彰的結果，使中國的官僚制度實際上無法掌握社會的脈動，經常顯得反應遲鈍。其次是「胥吏政治」的弊端。再者，漢唐之間的士族沒落之後，鄉紳或士紳成為社會領袖。這批人之所以為社會領袖，主要是因為具有科舉的功名。在明朝時期，這些基層的士人尚有參與地方政府事務的空間，但也屢與地方政府發生衝突，故明代有所謂「士變」發生。清雍正以後開始禁止鄉紳集會議論政事。士人階層對政治的無力感，主要是由於他們與基層人民之間的組織薄弱，缺乏社會基礎。在基層社會上，官僚力量與士大夫權力的縮減，造成社會的無組織，這正是孫中山先生所描述的「一盤散沙」的情形。

西元十世紀時，東亞世界的劇烈變化，深刻影響中國的發展。中國的周邊民族逐漸取得了自立性，也開始挑戰中國在東亞的霸權。西元939年越南脫離中國獨立，西元918年朝鮮半島出現了統一的高麗王朝。崛起於中國東北地區的契丹（遼）曾長期占領中國的土地，女真的金更占領過華北地區。不同於魏晉南北朝時的五胡國家旨在建立中國式的政權，這些新興民族是要建立屬於自己民族的政權。在南宋時期的宋金和約中，中國的皇帝竟然向「外夷」稱臣，漢唐之間所形成的「天下秩序」至此已經崩潰。至蒙古人興起，中國的漢人政府第一次亡於外族。在蒙古人統治期間，漢人被貶為次等國民。在明朝時期，女真人捲土重來，打敗明朝，建立清朝，成為全中國的支配者，中國第二次亡於「外族」。但滿清統治者不同於蒙古人，他們刻意的標榜漢人的儒家文化，並以中國正

統自居。所以在滿清統治期間，雖然仍維持滿人優越性的制度，但漢滿二大民族終究融合為一。

唐亡之後，中國的政治重心逐漸東移。漢唐之間，中國的外患多在西北，中國的政治重心也多在關中地區的長安，而洛陽是文化社會的中心。隋唐的興起主要是憑藉「關隴集團」的力量，亦即仰仗關中的優勢。唐朝實施雙都制度，以長安與洛陽為京都。隨著江南經濟力量的興起，南北運河的重要性日增，位於運河轉運樞紐的開封的地位也上升。唐亡之後，長安的時代結束，五代的梁建國在開封（汴京）。北宋建國後也定都開封。在此同時，唐中期以來，中國的外患轉移到東北，藩鎮也在河北坐大，北京的重要性開始凸顯。金人在西元 1135 年定都北京，北京的時代於焉展開。其後元、明、清皆以北京為中國的首都。

至於宋以後的社會經濟發展，我們著重討論經濟重心的南移與商業的發達。就前者而言，自西元十一世紀的北宋時期起，中國經濟重心已在江南。江南的開發得力於農業技術的突破、新作物的引入、人力的充足與海外貿易的興起等。就商業的發達而言，唐中期以後，中國的商品經濟與市場經濟都得到了前所未有的發展，愈來愈多的農民被捲入市場經濟的網絡中，他們為市場而生產，也從市場中購買消費品，這種現象尤其發生在江南。於是我們看到了北宋時期出現了人類最早的紙幣，與明清時白銀的廣泛使用。此外，自唐中期以後，一方面城市的性質改變了，由行政城市轉變到工商業城市；另一方面，城市的數量增多了。尤其是明清時期，江南的工商業市鎮大量出現。西元十五、十六世紀以後，由於交通網絡的完成，全國性的市場成立。

經濟發展也帶來了政治、社會、文化的變遷。就政治而言，從唐中期的兩稅法以來，政府已開始籌劃以貨幣納稅，但因民間的經濟水準無法配合而不克實施。北宋的王安石變法也預備令人民以繳納貨幣代替服役。明中葉以後，政府也開始推展以銀納稅。換言之，由於市場經濟的發達，政府所需要的貨物與勞務不需要直接向人民徵調，可以用貨幣為媒介，以商品的形式在民間市場中購得。因此政府可以放鬆對於勞動力

（尤其是男丁）的嚴格管制。然而，強制以貨幣納稅，是強迫農民捲入市場經濟中，從此農民的生活也必須受到物價波動與商人高利貸的威脅。

　　就社會文化而言，我們敘述了庶民社會與城市文化的發展。宋以後，一個近世社會的新面貌開始出現，這個文化的主導者是城市中的士大夫與商人。通俗文化在市鎮當中流傳，如民間的戲曲在宋元以後盛行。又拜印刷術普及之賜，元代以後，通俗小說也在全國流行。早在西元十二世紀，中國已經出現了營利性的出版事業。民間社團的出現是另一個重要現象。在唐以前，中國社會缺乏自發性的社會組織，中國的政治社會可謂是由國家的官僚組織與家族的結合。宋以後，尤其是西元十五、十六世紀之後，民間社團蓬勃發展，尤其在城市當中。如會館、公所等商人團體，善堂、育嬰堂等社會救濟團體，文人組成的學堂、詩社，甚至底層人民的秘密幫派也是其中之一。

　　本章也討論了二次大戰之前的臺灣史。在西元十七世紀之前，臺灣與中國大陸少有來往。在這個島上住著今天我們所稱的原住民。明朝以來，中國東南沿海的貿易開始興盛，臺灣成為海盜走私的根據地之一。西元十七世紀之後，歐洲列強的勢力進入亞洲，臺灣曾為荷蘭人、西班牙人所占領。西元十七世紀中期，鄭成功驅逐荷蘭人，在臺灣建立第一個漢人政權。從此，漢人大規模的移民來臺。西元十九世紀以後，臺灣被捲入全世界的帝國主義侵略浪潮中，清廷也體認到臺灣地位的重要，西元 1885 年臺灣成為中國的一省。清廷更決定將臺灣建設為洋務運動的示範省，這些新政建設為臺灣奠定了經濟發展的基礎。西元 1895 年中日〈馬關條約〉將臺灣割讓給日本，於是臺灣人民度過了五十年的日治時期。日本更進一步的將資本主義帶入臺灣，這個時期臺灣的農工商業都有長足的進展。但畢竟日本對臺灣是外來殖民統治，除了用嚴刑峻法對付抗日者，也對臺灣人民的投資與教育，設下限制。在二次大戰中日戰爭期間，日本殖民政府更在臺灣實行「皇民化運動」，企圖改變臺灣人民的自我認同，消滅中國人意識。

習 題

1. 孫中山先生曾認為清末民初的中國社會是「一盤散沙」，請從宋以後中國政治社會的發展，說明為什麼孫先生有這樣的觀察。

2. 傳統農民的形象是保守的，而農村是靜態的，甚至有學者認為傳統農村是自給自足的，請檢討這種說法的正確性。

3. 請訪問您的父、祖輩，記錄下您的祖先移民來臺的歷史。如果您是原住民，請訪問長輩，記錄下您的族群起源與來臺的傳說。

第五章　歷代治亂分析

第一節　皇帝制度的檢討

皇權的性質

　　從秦始皇統一中國（西元前 221 年）到滿清滅亡（西元 1911 年），其間的二千多年，中國的政體是皇帝制度。這個制度對於中國的影響是十分深遠的。以下我們將討論這個制度的種種問題。

　　皇帝制度是成立於周封建崩潰的軌跡上，我們曾在第二章中有所分析。其後的二千多年，這個制度有許多變化，但皇權的性質大體沒有改變，亦即皇權是絕對的 (absolute)、最後的 (ultimate)，所有政府的權力都是由皇權所孳生的 (derivative)。

　　所謂皇權是絕對的，也有學者說皇權是專制的，是指皇帝不受任何法律制度的約束。所謂皇權是最後的，則是指在法律上，皇權之上沒有更高的權力位階存在。換言之，皇帝是法律與政治權力的最後來源。政府之所以可以行使職權，是得自於皇帝的授權，所以我們說政府的權力是由皇權所孳生的。皇帝不同於今天的總統，總統雖然是國家的元首，可是在他之上仍然有更高的權力位階，那就是民意機構。民主國家法律的最後來源是民意，其政府的組成及行使權力的依據也經由民意的授權，而其規範則訂定在憲法中。

　　雖然皇權具有絕對的、最後的性質，但我們不能說皇權是任意的、完全不受約束的 ❶。誠然，皇權的確不受法律的約束，尤其是國家的法

❶　傳統皇權是不是專制的，是學界的一大爭議。贊成者主要如徐復觀、蕭公權、

典，所以就制度而言，皇帝可以不守法。但事實上，皇帝仍受到強大的約束，這些約束可以歸納為天命、祖訓與官僚制度的制衡。

就天命而言，皇帝雖然是人間至高無上的統治者，可是從西周以來，周王是以天子的身分統治人間，所以他必須要接受天所定的規範。從西漢董仲舒以來，儒家主張天命的實際內容是寫在儒家的經書（包括當時的緯書）中，而由儒者來闡釋，所以遵守天命的實際作法是敬奉儒者的政治主張。中國歷代政府都設有諫官，他們對君主不當之言行及決策，具有諫諍權。這些諫官在批評皇帝的決策時，多是根據儒家的教義。一般的官員也可以根據儒學批判皇帝，中國歷史上著名的例子是唐太宗與魏徵的故事。在唐太宗統治的中期，由於太宗的驕縱之心漸起，魏徵為防微杜漸，曾分別上〈論時政四疏〉與〈十漸疏〉，在文中屢引儒家的經典為根據，痛陳居安思危與創業維艱、守成不易之理。魏徵的上諫經常惱怒太宗，但仍堅持己見，直到太宗接納為止。太宗的所謂雅量，也反映出儒家教義與士大夫輿論對於皇帝的約束力。

就祖訓而言，一般皇帝的得位，是靠世襲。繼位者是以皇家家長的身分而為皇帝，所以他必須接受皇家的規範，這種規範被稱作「祖法」或「家法」。西漢景帝時（西元前 156–141 年）竇嬰說：「天下者，高祖之天下。」意即天下是西漢開國君主劉邦的天下，當今的皇帝不可以依照自己的意志來施政。同樣的意見在後代也經常出現。在北宋神宗時期王安石變法之際，反對派就是以王安石破壞了「祖宗法制」為由，建議皇帝停止改革。

最後，就官僚制度的制衡而言，我們曾說過皇帝制度的主要內容之一是官僚制（見第二章第三節）。在制度上，官僚是皇帝之臣，是沒有人格與自主意志的，是皇帝的工具。但就實際的運作而言，在傳統中國，皇帝有絕對的權力，卻沒有太大的能力，他的任何作為都必須要依賴官僚機構來執行。官僚制度是治理國家所不可缺的一套行政機器，沒有這

張君勱；反對者則主要是錢穆。余英時有折衷的說法。其著作請參考本書的參考書目。

套機器，皇權本身即無法發揮。即使明太祖朱元璋為獨攬大權，不設宰相，但仍然必須要維持一個龐大的官僚組織。也就是說，皇帝的權力絕對高於任何一位官員，但在面對集體的官僚制度時卻是一籌莫展。皇帝必須要盡可能配合官僚集團的要求，以換取官僚集團的合作。明代的皇權看似高張，其實反而受到官僚制度的制衡。有學者甚至稱呼明萬曆皇帝為「活著的祖宗」，只是供人瞻仰的活道具。萬曆皇帝連想死後與其愛妃合葬，都因為官僚集團的反對，而不能如願。

在中國歷史上，像傳說中桀、紂一類的暴君是少見的，我們最多只能說昏君多於暴君。我們不能將傳統中國的政治問題完全歸咎於皇帝個人的施政錯誤，但是不可否認的，皇權的設計確是大有問題。傳統中國皇帝制度的最大問題是皇權的不合理性，而問題的癥結在於皇權缺乏法律制度的規範。由人類歷史發展的經驗可以得知，權力使人腐化，絕對的權力使人絕對的腐化，所以有權力的人應該要接受制衡，這也是民主政治的常規。雖然天命、祖訓與官僚制度實際上是規範了皇權，但最後還是訴諸道德與良知。官僚機構一旦遇到皇帝擅權或怠忽職守，仍然無計可施。

側近政治

這種不合理的皇權設計必然產生「側近政治」。所謂側近政治，簡單的說，即愈能實際接近皇帝的人，愈能享有權力。因為皇帝是一切權力的淵源，即使皇帝只是一顆橡皮圖章，也需要他蓋章，一切法律、命令才能生效。官僚機構缺乏法律上的地位，一位官員究竟有多大的權責，不是單純法律所授予的，而是皇帝願意給他多少權力。

這樣的制度在中國歷史產生了以下的效果。其一，客觀與法制化的官僚機構屢遭皇權的破壞。由於側近皇帝的人才能真正掌握實權，這批人通常是政治身分較卑微者，可是由於皇帝的信任與授權，他們會逐漸取代官僚機構中的正式官員。如尚書一職，原本是相當於在皇帝身邊的奴僕，協助皇帝處理文書，可是因為實際上接近皇帝而掌握實權。在漢

代，尚書逐漸取代丞相，在東漢時期，尚書省成為正式的丞相府。而當尚書離開皇帝身邊，成為公的機構之後，皇帝身邊的中書反而掌握實權，曹魏時期，中書省又成為實際的決策機構。南朝時期，門下又取代中書。宋朝以後，翰林學士掌權也是因為他們側近皇帝。從秦漢以來，中國官僚體制中職務的分類所顯現的分層負責精神算是相當進步的，可是皇帝可以不遵守這些規定。所以在中國歷史上，吏部尚書不一定管人事，兵部尚書不一定管得到軍隊。皇帝所寵任的權臣在那個職位上，那個職位就成為權力的中樞。這種現象就是人們所批評的「人治」。

其二，由於實際上接近皇帝並得到寵信，是政治人物掌權最重要的管道，所以爭寵成為宮廷政治的常態。其結果是政治能力不夠資格的人，如宦官、外戚等，因為側近皇帝，而大權在握。中國歷史上，宦官之禍是相當嚴重的，人們之所以敬畏宦官，是因為宦官能夠實際接觸皇帝，而且代表皇帝的權力。在東漢、唐朝與明朝，官僚為了要施展政治抱負或爭取政治前途，勾結宦官是無奈卻必要的途徑，這對於儒教國家與士大夫風操實是一大諷刺。這種結果經常引發黨爭，如東漢末年的「清流運動」，與明末的「東林黨」運動。由於官僚的職權沒有一定法律規範，而是憑藉皇帝的寵信程度，因此官員之間結黨造勢成為常態，結果引發黨爭。而黨爭又成為王朝政治敗壞的因素，但它正是皇帝制度下的產物。

其三，皇帝雖然是一切權力的來源，但實際上卻沒有能力獨自處理政事，所以皇權實際上是被皇帝的側近集團所把持。一位想專權的皇帝，則必須要對付側近政治，其方法之一是營造「天威難測」的效果，即皇帝不要讓周遭的人瞭解他的性格，盡可能保持神秘性，與一般的官員疏離。這種皇帝與官員的疏離，在隋唐以後皇權逐漸高張時，益發明顯。隋煬帝是歷史上罕見的有為君主，可是正因為他積極的擴張皇權，卻與官員疏離，也因此為少數人所蒙蔽。在他統治的後期，全國各地都發生叛變，他竟然不知情。相對於側近政治，民主政治的優點在於決策的官員必須經常面對民意，如在國會報告與接受質詢，如此可減低受到側近人士操縱的可能。

對中央集權的反省

　　皇帝制度的特色之一是中央集權。所有的地方官員都是中央政府派到地方的代表，接受中央政府的任免與考核。從秦漢郡縣制確立之後，縣以上的官員是由中央派任外籍者出任。地方上的人民接受中央派來的官員統治，在中國是習以為常之事。可是比較歐洲的歷史，英國人直到西元十五世紀都罕見倫敦當局任命的外來官員，反而可以見到羅馬教廷派來的神職人員。

　　這種中央集權的郡縣制度產生諸多弊端。皇帝為防止地方的官員與地方勢力勾結，從漢朝開始實施「本籍迴避」，且地方官員的任期有一定的限制，任滿即轉任。在這種制度下，地方官無法有效瞭解地方的狀況，何況中國疆域遼闊，各地的民情風俗差異極大。官員不能久任，對當地也無特殊的感情。如唐朝大詩人白居易（西元 772–846 年）是關中人，曾到今天的江西九江任江州司馬。他對當地的風俗文物抱著輕忽態度，當他聽到有人演奏京城長安的樂音，感動落淚，寫下千古傳誦的〈琵琶行〉。由詩文中，我們可以體會白居易一心想重回京城。由於官員多以任職中央為榮，而視地方的職務為流放，在這種從政的心態下，我們要求地方政治會上軌道，實屬緣木求魚。且宋以後，官員多以文學入仕，對實際法規與行政程序多不熟悉，只好任用胥吏，於是形成我們在第四章中所說的「胥吏政治」，遺害中國甚深。

　　此外，中央集權的另一特色是各地方政府皆須執行國家統一的法律。秦始皇統一中國之後，官員曾讚美秦的偉業，說：「（今）海內為郡縣，法令由一統。」

　　中央集權的現象之一是法律體系的進步與龐大。西元七、八世紀唐律的法學水準，比起西元十六世紀歐洲大陸的《加羅利那刑法典》(*Constitutio Criminalis Carolina*) 高出許多，只有西元十九世紀初年的《拿破崙法典》(*Code Napoleon*) 可與其並駕齊驅。今天法律的主要目的是要保障民權，但中國法典的起源更重於規範官員。從春秋、戰國以來，官僚

機構已經是君主不可或缺的工具，而且理論上官員是以臣的身分接受君主的支配，不可以有個人的意志。在實際運作上，則是官員必須確實遵守君主所頒布的法律，因此君主也有制定法律的必要。從春秋晚期起，當官僚制度逐漸成型時，各國開始從事成文法典的編修，如西元前536年，鄭國子產「鑄刑書」即為最有名的例子。

法令的統一固然是皇帝制度的特色，但它的弊端是只重形式，造成法規僵化，不能配合新時代的發展與各地方的歧異性。如唐朝的均田制是法定的制度，照理說應是全國推行，但實際上只在華北實施。宋以後，南方的經濟有了突飛猛進的發展，如土地私有制更進一步的確立、商業的蓬勃、市鎮的興起以及其所反映的新興社會力量（如自發性的民間社團）、貨幣經濟的進步等，一切現象都在宣告一個新時代的來臨。這些社會經濟體制亟需新的法律制度來支撐與保障，但是中央政府反應遲鈍，一方面死守傳統「編戶齊民」的統治理念，另一方面以經濟上的落後部門（農業）作為施政的標準，忽略甚至打壓工商業的發展，無法兼顧各地經濟發展的不同步調。我們在第四章所介紹的明太祖就是其中一個例子。事實上，宋以後的國家主要法典仍多抄襲唐律，而法律無法反映社會實際狀況，正是近世中國逐漸衰弱的重要原因。中國法律不能適時的對私有財產權、信用體系、工商業活動作出明確的保護與規範，或許是近代的資本主義未在中國發生的原因之一。

官僚制社會

秦漢的皇帝制度成立之後，中國政治社會結構的特徵是官僚支配人民。官僚組織的早熟、複雜與龐大是中國歷史的一大特色。皇帝制度的理想社會型態是官員統治「編戶齊民」。人民之間除了家族之外，不應有其他的組織。北宋之後，許多士大夫為了推展民間的教化與福利救濟措施，著手訂定鄉約。鄉約之始，可推至北宋的呂大鈞在陝西藍田所實施的「呂氏鄉約」。可是呂氏鄉約在當時卻招致非議，因為它違反了官僚指導社會的原則，可見連鄉約一類的民間自發性團體都遭致政權的懷疑。

其後朝廷體認到鄉約組織可以幫助國家推動政務，才予以肯定與支持。明清時期鄉約團體遂逐漸流行起來。

在傳統中國，地方上的公共事務多由地方政府以賦役的方式徵調當地人民來進行。以明太祖的「里甲制」為例，它將里內人民依財產分為若干等級，上等戶輪流擔任里長，其他的戶輪流作甲首。兩者的主要工作在徵收賦稅及充當政府的特務，監視里內的人民。但對地方上的人民而言，這些差事不是榮譽，而是等同徭役。因為從事地方公務而傾家蕩產的例子屢見不鮮。因此人民對於公共事務，避之唯恐不及。這種制度實施的結果，公共事務被視為官方之事，使得傳統中國缺乏社區的意識，也沒有參與公共事務的熱忱。在唐朝之前，中國地方社會的凝聚尚可以依靠一些大家族，如士族一類。但宋元之後，社會整體便缺乏凝聚協調的力量，也無法有效的動員起來。

依據皇帝制度的理念，任何民間的組織都是皇權潛在的敵人，國家必須盡可能的收編、壓抑或禁絕，使官僚機構成為唯一合法的組織。先秦法家中的韓非子已經指出，君主的兩大敵人是儒生與游俠，前者擁有知識的權力，後者習慣以武力解決問題。皇帝制度剛確立時，秦始皇便下令「以吏為師」，即在彈壓民間士人的學團。漢以後，雖然沒有公開的宣稱「以吏為師」，卻利用選舉制度將讀書人盡可能的收編到政府之中。從此之後，舉凡中國的學者、文人、藝術家，不具備官人身分者幾希。尤其是北宋以後科舉制度普及，政權向全體士大夫開放。宋以後的國家政策是不願意見到社會上有太多失業的文人，故盡可能的將這些人納入官僚組織，給與或多或少的特權，以籠絡讀書人。至於游俠，西漢武帝時，民間的游俠曾遭到所謂「酷吏」的鎮壓。歷代地方政府對於當地的土豪大姓，都抱著既合作，又制衡的態度，不許他們的勢力過度的膨脹。

官僚機構的另一類潛在敵人是商人，因為一方面商人擁有經濟力，另一方面商人團體是一種有力量的組織。但是商人的出現又是不可避免的，一方面小農經濟本身會產生市場經濟，再一方面龐大的官僚集團也需要透過市場獲得資源。但中國歷代多奉行「抑商」政策，限制商人的

經濟活動層面，並打擊商人的經濟利益。其方法主要有三。一是官工業。官方及民間所需的重要物品，皆由官營的工業自行製造，並禁止民間製造與販賣，如奢侈品與軍器。二是土貢制度。要維持一個龐大的官僚機構，勢必需要龐大的物資，但如果透過市場去購買，一定會給予商人極大的經濟利益。所以歷代政府都利用土貢的方式，即地方的土產以賦稅的形式報繳到中央政府來，如此政府則可不經過商人之手，而獲得龐大的物資。三是禁榷政策，即專賣。政府將若干重要的工業生產與商業營運都收歸官營。歷代重要的措施如鹽、鐵、茶的專賣制度。這三項制度都有效阻礙了民間社會的市場經濟與商品經濟的發展。

在官僚社會的結構下，當官成為多數中國人的人生理想，士人以當官為人生的目標更是理所當然。讀書的目的是為了求取政治的地位，所謂「學得文武藝，貨與帝王家」。「萬般皆下品，唯有讀書高」的說法，並不是謳歌知識，而是因為知識可以謀得一官半職。尤其宋以後，科舉考試日益普及，讀書人的理想就是金榜題名，然後高官厚祿。官僚體系內的品級（官品）被視為社會地位的標準。歷代政府雖然推行抑商政策，但從商而富的情形仍相當普遍。商人即使能夠錦衣玉食，仍然不能享有較好的社會地位，要提升社會地位唯有入仕一途。宋以後，政府不再嚴格規定四民（士農工商）的分野，商人逐漸可以入仕。入仕的正途是通過科舉，不然以買官的方式，換取一個「員外」的頭銜，也可光宗耀祖。根據近人的研究，明代的科舉考試中，中進士的有一半是鹽商之子。可見這些富裕的鹽商家庭如何積極的栽培子弟走上仕宦之途，以光耀門楣。

「循吏政治」的傳統

西漢中期以來，受儒家思想的影響，皇帝是以「天子」的身分為萬民的父母，以「教化」治理人間。儒家稱呼這種政治型態為「禮治」。換言之，皇帝一方面是政治系統的最高統治者，更是文化系統的最高領導人。在西方的歷史上，政治與文化權力分歸王權與教會。在傳統中國，這二大權力則統合在皇帝身上。中央朝廷的功能之一是當作全國的禮儀

展示所。地方政府則除了負擔行政工作外，最重要的是代表天子執行禮儀教化，所以各級衙門其實負有西方教會的功能。各級地方官與其被視為行政專家，不如看成是傳教士。套用西方的觀念，傳統中國的政府是「政教合一」。

西漢時期，許多儒家官僚出任地方官，到任後立刻興學開講，鼓勵當地人民就學，並為鄉民制定生活禮俗。這類以教化為施政目標的官員被稱為「循吏」。其後，歷代政府無不宣稱推行禮治，以教化為地方行政的目標。如西魏時，由蘇綽制定〈六條詔書〉，宇文泰下令所有官人必須記誦並實踐。〈六條詔書〉認為理想的地方官不能以刑法立威，必須實行教化。〈六條詔書〉其後成為隋唐統治政策的指導原則。

但漢唐之間官方所要施行的教化，是「移風易俗」、「化民成俗」，是由上而下的單向式教育。它的前提是認定人民沒有自主的能力，須藉官僚的支配才得以自存。這種教化觀應稱作「王化」，它無疑的肯定了官僚制度存在的正當性。宋以後，由於「新儒學」的興起，教化的觀念有了改變。這批新儒家認為教化的目的是在建立一種合乎道德規範的社會秩序，這種社會秩序即孟子所說的「明倫」，它是基於肯定人民有道德的自主性，不需依賴外塑的王化及官僚的指導。南宋以後，地方學校的講堂多改稱「明倫堂」，便反映出新的教化觀念。

傳統教化觀對於政治制度有深遠的影響。基於禮治的理念，社會秩序的建立應該憑藉尊長的教化，而不是國家的法律。所以國家在處理社會秩序的問題時，除了嚴重危害國家安全或公共秩序之外（如殺人案），都交付地方官依禮裁決，而地方官則多交付家族自行解決。因此，傳統中國的法律重刑法而輕民法，重公法而輕私法。亦即傳統的法律重在規定官僚機構的運作、人民與政府的關係，相對忽略人民之間的權利義務關係❷。

---

❷ 這裡要強調的，雖然傳統的中國的國家法偏重公法而輕私法，重刑法而輕民法，但我們不能說中國沒有私法與民法的傳統，也不能說地方官員在遇到這一類案件時，是任意判案的。從現存的地方政府的司法檔案來看，地方官在判決

第二節　社會經濟的困境

平均的小農社會

　　秦漢以後，中國人民的主體是小農，皇帝制度的成立是以小農為社會基礎。傳統中國政府及士大夫的政治理念認為，政府的責任與施政的目的，在於促進一個生活水準平均的小農社會，並且扶植自耕農，維護小農的基本生存權。就上層的儒家而言，孔子說：「不患寡而患不均。」這種平均的思想貫穿其後二千多年的中國史，為許多儒家官僚所奉行。例如漢以後中國歷代都有禁侈靡的政策，即禁止民間的富人過著平均水準以上的生活。這裡的平均不是指官民的平均，而是被統治人民間的平均，即所謂「齊民」。就底層社會的人民而言，平均也是他們的重要主張，這種思想稱作「太平」。中國人稱盛世為太平，太平盛世正是一個平均的社會。這種思想源自於小農的基本願望是擁有一塊小土地，然後整個社會維持一種同質、平等的狀態。東漢後期，民間流傳《太平經》。東漢末年，黃巾黨人的叛變信念就是來自於「太平道」。北宋初年，王小波所領導的農民戰爭的口號是：「吾疾貧富不均，今為汝均之。」清朝末年洪秀全等人所創立的「太平天國」（西元 1851–1864 年），也是以太平為名。太平與平均是一條貫穿二千多年中國農民政治思想的主軸。

　　傳統中國的治世，通常是這種小農社會的時代。典型的例子如漢朝的「文景之治」、隋朝的「開皇之治」、唐朝的「貞觀之治」與「開元之治」。這幾個時期其實經濟並不發達，而是以自耕農為主體的時代。事實上，西漢中期以至東漢時期的經濟狀況皆比「文景之治」時提升許多，尤其是表現在工商業的發達，以及社會整體財富的增加上。唐中後期相對於「開元之治」也是如此，然而當時人與歷史學家都認為唐中後期，尤其是五代乃亂世。推其原因，東漢與唐中後期，雖然社會整體的財富

民事案件時，仍必須遵照一定的成例。

增加了，可是貧富不均與社會階層分化的問題趨於嚴重。許多農民因為土地兼併或物價波動而破產，最後成為流民。大量流民中的一部分轉換為盜賊，成為武裝集團，於是農民叛變蜂起，社會秩序遭到破壞。自耕農是國家的稅基，當自耕農階層瓦解之後，國家的稅源便減少了。可是國家卻為了鎮壓農民叛變而必須增設軍隊，增加支出。許多地主階級利用各種管道晉升為官人，國家也盡可能的不要讓士人失業，於是官僚機構膨脹，財政也更加惡化。這些財政負擔都必須加在未破產的小農民身上。總之，這是一種惡性循環。當社會矛盾無法解決時，大規模的農民叛變就醞釀而生，如漢末的「黃巾之亂」、唐末的「黃巢之亂」。

在中國歷史上，一個王朝倒下了，另一個王朝又繼之興起，在朝代更迭的過程中，農民通常是皇權的支持者。所以我們看到農民叛變推翻了王朝，可是農民卻又期待另一個皇帝的統治。我們曾經說明秦始皇的統一政權是農民所歡迎的，因為小農需要一個強而有力的政府出面維持秩序，這個秩序包括安定的生活環境，以及抑制地方豪強勢力的擴張。農民心中的皇帝是一個超越地方勢力的聖明天子，皇帝與代表皇帝的機構應該會出面安定農民的生活。在地方豪強與國家的官僚之間，農民寧可選擇後者為支配者。我們稱這種思想為「皇權思想」，它充分表現在「包青天」一類的民間戲曲中。包青天代表著正義的皇權，他要檢肅的對象是土豪劣紳與貪贓枉法的地方官。這種皇權思想是皇帝制度能夠綿延二千年的重要因素。

土地問題

秦漢以後土地私有制度成為中國主要的土地制度，而土地買賣是土地私有制度的最重要性質。當十五世紀的西歐農民仍然在耕種世襲的封建分地時，土地買賣在紀元前的中國便非罕例。土地買賣制度自然發展出土地兼併的情形，即某些農民因為農業經營的成功而上升為地主，另外有些農民則因為農業經營的失敗而變賣自己的土地。後一類的農民淪為佃農、奴婢或流民。所謂「富者田連阡陌，貧者無立錐之地」，正是這

種現象的寫照。

　　從西漢中期起，國家開始選拔社會領袖進入官僚組織，這些社會領袖多出身地方的豪族，是當地的地主。因此歷代政權不可能去限制官人占有土地，所以限制占有土地的政策多終歸失敗。但國家基於「編戶齊民」的統治理念，仍必須要設法解決土地兼併所衍生的社會問題。在唐中期均田制崩潰以前，國家的主要因應方法是將國有土地或無主荒地分配給沒有土地的農民，這種政策被稱作「徙民」、「屯田」，西晉的「占田制」與北魏後期到唐中期的「均田制」是其中最具代表性的制度。從曹魏開始，國家就利用屯田的辦法，在無主荒地上建立聚落，召募或強迫農民前來開墾，並提供耕作上的協助。等到這些聚落定型後，國家就將它們編為新的郡縣，這些農民就是新的編戶齊民。六朝時期，國家就是利用這種辦法，維持一個以自耕農為主體的社會。北魏後期至隋唐時期，國力富強的主要原因是均田制的成功，使得社會存在一個安定的自耕農階層。

　　唐中期以後，國家已經沒有大量的無主荒地可以分配給農民，除了大亂結束之後，國家才得以運用徙民的方法安定農民，如明初朱元璋的政策。伴隨著這種發展，唐中期兩稅法的成立顯示國家正式承認租佃關係，即地主（主戶）與佃戶（客戶）的關係。國家也不再干涉沒落的農民淪為佃戶的情形，國家所在意的是掌握土地所有權人，而不是所有的人民。所以國家賦稅的重心也從徭役轉變到田賦。從兩稅法到明朝中葉的「一條鞭」（西元 1530 年），以至清康熙朝（在位西元 1662–1722 年）開始的「攤丁入地」政策，都確立了以有土地者所繳納的田賦為主的賦稅政策。

　　佃戶要向地主繳納地租，從戰國以來，地租的額度都在五成以上，即佃戶必須向地主繳納至少一半的收成。當土地的供需失調，需要土地的人多，而可耕地少的時候，佃戶則屬於弱勢的一方，因此除了正額的地租之外，額外的負擔是避免不了的，如逢年過節送禮、幫主人修繕房屋等。

　　其實宋以後，中國的土地問題是農民平均擁有的土地過小。宋元時期，每戶農民平均擁有的土地是二十到三十畝。在明清時期，擁有二百畝以上土地者，已屬特例。這些擁有二百畝以上土地的地主，多以納捐的方式當官去了。西元 1930、1940 年代，則有更確實的統計數字顯示，華北農家擁有土地面積不到十畝者占百分之四十，地主所經營的農場只占百分之十，一般的規模是一至二百畝。在長江三角洲一帶，平均一戶約只有五至十畝的土地，而由地主所經營的大農場基本上是不存在的。因此中國農村的問題在於多數農民都有一小塊土地，卻連糊口的生活水準都達不到。

　　學者申論租佃制度的缺失，認為有勞動力的人沒有自己的土地，而租佃別人的土地，所以勞動意願不高。這個道理就好像租房子的房客通常不會認真的裝修房子。由於佃農必須繳納高額地租，所以沒有多餘的資本可以作為投資，以改善生產條件。另一方面，地主不從事生產，坐享地租。他們收得地租之後，或用這筆資本繼續兼併土地，或購買奢侈品，而不是用來作為生產上的投資，所以使經濟停滯不前。

近代中國的貧窮問題

　　近代中國貧窮問題的癥結之一，是人口的壓力 ❸。有學者估計，從明初（西元十四世紀後期）到西元 1949 年，中國人口增加七到九倍，耕地面積增加了約四倍，農產增加約七、八倍。換言之，從明初以來，農民平均所能擁有的農地逐漸減少，關於這一點前面已提過。另一方面，雖然農業總產量增加很多，但是由於人口的壓力，平均每個人能夠分配的所得反而縮小。

　　由於耕地面積增加的速度趕不上人口增加的速度，因此地狹人稠、

---

❸　有關近代中國經濟問題的原因，有二派的看法，一是認為問題出自階級壓迫，另一派認為是人口壓力。階級壓迫說認為中國經濟的弊端來自租佃制度，少數的地主擁有廣大的土地，而多數實際耕作的農民沒有土地。至於人口壓力說，本章則有較詳細的說明。

人口過剩的問題，愈來愈嚴重。誠然，明清時期，全國的農業總生產量是大幅提升了，這也是明清時期一度國力強盛的原因。但由於農民多只能擁有小塊土地，卻又必須應付人口增長後的消費增加，所以只好投入更多的勞動力在土地上，以期有更好的收成。然而在農業技術沒有突破的情形下，單位面積的收成有一定的界限，在到達這個界限之後，投入再多的人力，增加再多的工作時間，都無法增加收成。明清以來，人力繼續投入農業，每個人所能分配到的所得反而減少，亦即多餘的人力投入農業已經是不合理的投資，也就是說每個勞動力的每日平均產量正在遞減中。影響所及，人民的貧窮危機日益嚴重，到西元 1930、1940 年代，中國多數農民的生活水準是在糊口的水平線下。

以今天的企業經營方式而言，當企業發現勞力過剩時，會進行裁員，以維持合理的勞動力。但是以家庭為生產單位的農家無法裁員，當多餘的人力沒有其他的就業的途徑時，只好繼續留在農家。

明清時期，農民由於土地不足，形成勞力過剩的現象，而生產棉布與蠶桑所需的勞動力要高出種植糧食作物數倍，且獲利率也高於種植糧食作物，所以農民紛紛改作棉桑。這種發展以長江三角洲附近的蘇州地區最為普遍。由於明清市場經濟的發展，農民已經開始為市場而生產，他們的生產物是以商品的型態賣給市場，他們的消費品也是以商品的型態由市場中購得，物價的波動也深刻影響農民的生活。

以西歐的經驗而言，市場經濟與商品經濟的發展會帶動經濟水準的提升，大規模的企業與工廠出現，最後改善人民的生活。但是中國明清時期的商品化發展並沒有帶來這樣的效果，農民的生活仍然陷於貧困之中。明清時期商品化的動力之一，不是追求更高的利潤，而是解決人口過剩的問題，使家內多餘的勞動力能被充分運用。所以明清時期，棉花與蠶桑的經營者多是家內的老人、婦女與兒童。他們的工作是不計薪資的，而報酬通常低於市場一般的工資報酬。所以明清時期，較大規模的農場反而無法與這一類家庭農場競爭，多被淘汰。所以在明清時期，雖然中國的商業十分發達，但經濟的單位卻仍是家庭，農民的生活每下愈

況。

根據西歐「工業革命」前後的歷史經驗，商品經濟發展的結果，大型的工廠會取代以家為單位的農舍經濟。在此之前，農民工作的地點是自己的家或自家的農場。工業革命之後，農民離開家到城市中的工廠工作，這是現代化的重要現象之一。但是中國卻沒有這種發展，明清時期商品經濟十分蓬勃，而農民仍然留在家內，家庭農場的型態仍牢不可破。

明清時期，中國的農業問題是如何安排每個勞動力都有工作可做，其結果之一就是降低生產技術。如以前使用獸力、水力的部分，現在改成人力。西元十四世紀時王禎所寫的《農書》一書中所收的七十七種農具，除了一種之外，完全收到西元十七世紀徐光啟的《農政全書》，與西元十八世紀中葉所編成的《授時通考》。從南宋以來，中國的農耕技術就出現停滯的現象，人口過剩妨礙了機械化的耕作。在此同時，西方的科技卻正在突發猛進。西元十八世紀以後的「工業革命」的大方向正是以機器取代人力，而中國的發展方向卻背道而馳。

當人口過剩而蠶食了農民的生產成果，造成農家無法累積資本以改善生產條件與提升生產力，農業技術也不升反降時，近代中國就陷入了經濟停滯的危機，這也是近代中國衰弱的重要原因。

第三節　朝代興衰的分析

「停滯論」的陷阱

中國歷史上有「治亂循環」、「一治一亂」的講法，即中國的歷史發展是朝代的循環，而盛世與亂世交替。這種說法經常與「停滯論」相關。這種停滯論或稱「亞洲社會停滯論」，最早由法國學者孟德斯鳩（Montesquieu，西元 1689–1755 年）所提出，其後德國思想家黑格爾（Hegel，西元 1770–1831 年）與馬克思（Karl Marx，西元 1818–1883 年）等人陸續發揮，影響中國史的研究十分深遠。所謂停滯論是指中國社會沒有進

步，沒有辦法突破既有的格局，這個格局尤其是指春秋、戰國歷史變動下所出現的政治、社會、經濟等結構。中國社會停滯主要表現在兩方面：一，西方的歷史發展是由專制朝向自由，而中國則長期處在專制政體之下。二，中國的社會經濟長期處在低水平的狀態，二千多年來是一個自給自足與封閉的農業社會。這種理論成為西方帝國企圖支配中國的藉口，因為只有等到近代西方帝國主義入侵中國之後，中國社會停滯的困境才能解除，一方面西方的民主突破了中國的專制，另一方面，西方的資本主義為中國的農業困境帶來新的出路。

　　這種停滯論是以西歐歷史發展的標準在衡量中國，不是嚴謹的學術評斷。我們必須注意以下幾個問題：首先，中國社會的發展給人停滯的感覺，主要是因為中國沒有自己發展出民主、工業文明與資本主義。然而，每個文明各自有其發展的軌跡，中國歷史也是不斷往前推進，只是它不按照西方的模式。其次，西歐發生民主革命也是近代的事情，我們不應該因為中國沒有發生民主革命，而將二千多年的中國政治完全歸類於「專制」。二千多年來中國的政體主要是「皇帝制度」，的確有不變之處。我們也曾經申論過皇帝制度不能配合社會經濟發展的弊端，尤其是法制的建設。再者，將二千多年的中國社會看成是一個封閉保守的農村社會，本身即是一項錯誤。我們曾論述中國市場經濟與商品經濟的發達，與明清時期江南地區城市文明的先進性。只是這些經濟發展不能視為與西方資本主義同一個類型。最後，由於我們受到朝代更替的影響，會覺得中國歷史的演進似乎是不斷循環，而未前進。但這是因為我們過度的將注意力擺在朝代的興亡上，社會經濟與文化的發展不一定配合朝代的盛衰。朝代的衰弱通常意味著中央政府的控制力減弱，但地方政府可能反而富有。舉例而言，六朝時期中國的學術與藝術發展曾有很高的成就，雖然當時中國分裂與戰爭頻繁。唐中期以後，「藩鎮體制」成立，長安政權衰弱，但各地的經濟、文化活動仍繼續得到發展，五代時期雖被視為黑暗時代，但地方上的商業活動反而相當蓬勃。明朝後期，中央的政治腐敗，但當時的城市文明反而是中國歷史上的一個高峰。所以我們不應

該將視野侷限在中央的朝廷之上，而據此判斷中國歷史停滯。

農民戰爭

　　分析中國歷代滅亡的直接原因，主要是農民戰爭與外族入侵。在歷代王朝中，其滅亡與農民戰爭有關的計有秦朝、東漢、東晉、隋、唐、元、明。此外北魏亡於「城民叛變」，而清朝在「太平天國」之後，滿清朝廷的權力實已轉移到漢人地方官手中。

　　農民叛變的頻繁與規模之大，為中國史的一大特色，這也反映出中國農村問題的嚴重性。農村問題的兩大關鍵在於：一，國家對於農村的干預缺乏法律的規範。二，土地兼併與租佃制度。

　　就第一點而言，自春秋、戰國以來，中國的基層社會之上就存在著一個龐大的官僚組織。但在此同時，基層社會是以小農之家為單位，缺乏強而有力的組織，所以民間社會沒有能力抗拒國家的支配。相對的，西歐在西元十五、十六世紀官僚制度才逐步成熟，可是在此同時，民間社會已成立各式的組織，民權的觀念也開始萌芽，因此國家權力無法橫暴的介入社會秩序。而中國從秦朝以來，農民的最大困擾並不在於國家對於農業收成的徵收，最難忍受的還是對勞動力的徵調，就是徭役。徭役使農民一方面喪失自由，另一方面使農民無法順利的進行生產活動。故歷代的農民叛變多以反對國家課役為目標，叛變團體所打出來的旗幟多是反政府，如秦末的陳勝、吳廣以「誅暴秦」為號召。漢末「黃巾之亂」中，叛變者以「蒼天已死，黃天當立」為口號，即一個在陰陽五行中屬於黃色的新政權將取代漢朝。隋末的叛變團體也以誅昏君隋煬帝為起事的理由。唐末黃巢叛變時，指責當時官吏貪污、賦役太重。

　　北宋以後，國家逐步改善人民的徭役負擔，有土地的農民可以用稅金代替徭役，沒有土地的農民則原則上與國家沒有賦役的關係。但是農民與農村的問題沒有因此獲得改善。一方面，農民所能分到的土地都過小，使得他們的經濟基礎十分脆弱，連小規模的天災人禍都無法承受，因此農民失業而為流民的問題仍然相當嚴重。其次，地主與佃農之間一

直存在著緊張關係，以反抗無理的地租剝削為號召的農民叛變也經常發生，著名者如明朝正統十三年（西元 1448 年）福建鄧茂七為首的佃戶為抗租而掀起的暴動。這一類的叛變通常演變為要求平均分配土地，如南宋初年的鍾相、楊么主張「等貴賤，均貧富」，又如清季太平天國提出「天朝田畝制度」，即主張平均分配土地。

總而言之，傳統中國農村社會的問題未獲解決，致使農民週期性的起來叛變，是中國朝代更替的原因之一。

外族入侵

中國的王朝中，亡於外族的計有西晉、北宋、南宋、明。魏晉南北朝期間，胡族在華北建立諸王朝，彼此征戰不斷。五代各政權也深受契丹入侵之苦。以漢人的角度而言，中國有二次亡國之說，一次亡於元，一次亡於清。

中國所謂的「外族」，主要是指北亞草原的游牧民族。傳統中國人在分析外族入侵的原因時，多認為是這批胡人在道德上有缺陷，如胡人天生就有豺狼之心、天生嗜利、天性喜歡劫掠等。今天也有些人認為外族是因為羨慕漢人的生活方式，故想進入農業地區，以成為農民。但今天的歷史學家多不從這些角度理解此問題，其實胡漢的衝突有其結構性因素，其根結的問題是草原游牧民族與農業民族的衝突。以下是關於這個問題的主要學說。

首先，位在歐亞大陸東部的游牧民族本身並不進行農業活動，卻依賴農產品，及農業社會所生產的工藝品，重要者如絲織品與金屬器具等。換言之，游牧民族其實無法自給自足，必須與農業民族進行物資的交換。這種交換一般都是在和平的狀況下進行，即雙方貿易。在中國這一方面，由於農業社會並不如此需要游牧社會的產品，因此貿易經常是籠絡游牧民族的手段。可是當雙方的政治關係惡化時，中國經常以切斷貿易為報復手段。當游牧民族無法和平的進行貿易時，武力的劫掠就成為唯一的方法。游牧民族多以騎馬放牧為生活，所以他們自然形成武裝團體，便

於戰爭。當他們發現有機可乘時，以暴力的方式掠奪農民的物資，也是時有之事。所謂有機可乘，多是中國政權的控制力衰弱時。

其次，游牧民族多是「逐水草而居」，因此自然環境（雨量、溫度等）的變化對於其經濟生產的影響很大。因為氣候的長期變冷，會使得草原萎縮，游牧者只好從北方南遷，結果自然會與農業聚落發生衝突。漢末魏晉時期，大量北方游牧民族南徙，疑與氣候的變冷有關。

最後，由於生活型態的不同，游牧民族普遍不能接受中國的支配與中國的文化，這一點尤其在西元十世紀以後的游牧民族身上表現得最明顯。然而在另一方面，中國政權多秉持以中國天子為中心的天下秩序，希望周邊各民族受中國的支配，接受中國的冊封，向中國朝貢。而游牧國家在發展它們的國家權力時，游牧國家的君主為了號召部眾，在建國的過程中多以反中國為號召。這種緊張性促使胡漢政權經常發生衝突。

統一與分裂

「大一統」一直是中國士大夫的理想。然而在中國歷史上，統一的局勢雖然在秦始皇時底定，但在五代以前，統一仍然不是常態。北宋以後，統一的局勢才告確立。推論中國的統一局勢能夠長期維持，可以有以下幾個原因。

第一，士大夫社會的作用。在傳統中國，士大夫一直是政治社會的領導者。這批出身不同地域的社會領袖，他們具有相同的教養，可以使用相同的語言、文字，相近的生活禮儀與價值標準，共同的文化認同，即以儒家自居。這種型態的士大夫團體的形成，可以上溯到漢朝的郎吏制度與太學制度。所謂郎吏制度，是漢朝規定優秀的地方人才可以到中央的朝廷任職郎吏，郎吏的性質是天子的侍從，兼作朝廷的見習生，表現好的郎吏可以調任地方長官。漢朝政府也選拔優秀的地方人才到京城的太學就讀。這些制度都使得中國各地的社會領袖得以在京城互相交往，於是發展出士大夫的共同文化。漢朝雖然崩潰，但是士大夫之間的認同感並未因此而消失，反而是在六朝時期的各個分裂國家中擴散與紮根。

各地的士大夫之間的一體感，主要不是來自地域或族群的歸屬感，而是以文化為媒介。舉例而言，唐朝的大詩人張九齡在十三歲時曾獻詩給廣州刺史王方慶，王方慶十分欣賞張九齡的文采，認為他是相當優秀的士人，所以給予禮遇並提拔。張九齡是出身南方的少數民族，但對王方慶而言，他對士人身分的認同遠重要於族群。就是這種以文化教養為標準的認同感，使中國的上層社會能夠結合為一個團體，克服地域與族群的差異。

　　第二，選舉制度的作用。從西漢中期起，中國就建立起選舉制度，其對中國歷史的作用我們已屢有說明。宋以後，中國統一局勢的確立，與科舉考試的制度化有密切關係。從此，中國各地的士大夫可以有確定的管道成為全國性的官員。當他們有這樣的期待時，當然願意捨其他路徑，而投身科舉考試之中，希望功成名就。當選舉制度與社會狀況不能配合時，分裂的動力就伺機而出。以漢末為例，社會上權力正在上升的豪族缺乏管道可以進入國家，而正常的選舉管道又為外戚與宦官所把持。當這批失望的士大夫選擇回到鄉里經營地域社會時，漢朝也因此遭撕裂。西晉時九品官人法的選舉管道為洛陽權貴所壟斷，因此有一些不滿的士人便參與「八王之亂」。唐末的情形也有相同點，由於士族壟斷唐朝的中央政府，新興的土豪階層無法順利的爬到政治的上層，致使他們願意支撐割據的藩鎮以對抗朝廷，於是有唐末與五代的分裂。

　　第三，地域社會的整合作用。中國歷史上的「統一」多就政治系統而言，可是就社會經濟而言，秦漢以來，各地區的差異性仍然很大。兩漢時期，在政治的版圖中，中國的核心區在關中與三河（河南西部、山西南部與陝西東部），江南地區則是邊陲區。當核心區已有高度發展的農業時，邊陲區還只有落後的農業。當核心區的社會領袖都隸屬於皇權的轄下時，邊陲區的地方豪強實質則仍割據一方，儼然土皇帝。魏晉以後，江南的經濟有長足的進步。「五胡亂華」之後，晉室南渡，南方的人才大量的進入政府。中國的經濟重心逐步南移。在隋唐時期，雖然政治重心仍在華北，但華北的經濟已經無法供給國家的需求，必須仰賴南方的接

濟。隋代大運河的開闢，使得華北的政治中心與江南經濟能夠結合起來。華北與江南的經濟結合是其後統一國家的重要基礎，由此我們可以推想運河的重要。從唐穆宗（在位西元 821–824 年）開始，唐朝廷喪失了對於大運河的控制權，長安政權已出現財政與經濟的危機。當龐勛在西元 868 年率一批軍人造反，占據大運河的要衝徐州，切斷了江南到華北的交通線，長安的中央政府其實只剩下空殼子，連官兵的薪餉都發不出。其後，「黃巢之亂」時，黃巢的勢力與其他藩鎮勢力紛紛占據大運河的要衝，南方的地方勢力也藉機宣告獨立，於是有南方的十國政權產生。在明清時期，中國的核心區是政治中心北京所在的河北地區與經濟中心的江南地區，兩個中心由運河聯繫。而且西元十五、十六世紀之後，全國性的市場出現，透過長程的貿易，中國內部的各地域社會不斷的被整合為一個經濟區。這種經濟的發展也加強了統一的局勢。

摘　要

　　本章我們討論了中國傳統王朝治亂興衰的原因。首先我們從結構性的因素分析，說明皇帝制度與小農經濟。其次本章說明朝代興衰的二項直接原因：農民戰爭與外族入侵。再者，我們也討論中國歷史上統一與分裂的因素。

　　首先，就皇帝制度而言，皇帝制度的關鍵問題在於皇權的不合理，而皇權的問題在於它不受法律制度的規範。根據歷史發展的經驗，一旦有權力的人不受到制度性的規範，其腐化是必然之事。中國朝代的末期，統治機構的腐敗都是主要的亂象，而這種腐敗的產生，又是皇帝制度的必然結果。不過，就皇帝本人而言，他雖有絕對的權力，卻沒有太大的能力，主要是因為受制於官僚機構。

　　這種皇權的設計又必然產生「側近政治」，即愈能實際接近皇帝的人，愈能享有權力。側近政治產生以下的結果：一，在中國歷代官僚制度的演變中，皇帝一再利用側近的微臣掌握實際的權力，這種「人治」的作法，破壞了官僚制度的客觀性，危害甚深。二，官人的政治地位與權力都仰賴皇帝的恩寵，因此逢迎爭寵是官員所必備的本領，結黨所造成的宮廷鬥爭也是勢所必然。中國歷朝的黨爭一再上演，就是基於這樣的結構性因素。也因為側近政治的結果，最能夠接近皇帝的宦官多攬有大權，成為官人競相巴結的對象，歷代宦官之禍即由此而來。三，側近政治也矇蔽了皇帝的視聽，使皇帝與官人及民意隔離。皇帝作為最高的決策者，卻不能瞭解社會的輿情，經常造成官僚機構運作失靈。

　　皇帝制度下的中央集權雖然造成中國統一的局面，但它的弊端是無法顧及全中國各地域不同的發展。中國法律制度的主要起源是給予全國官人一個統一的規範，因此較缺乏因時因地制宜的彈性。宋以後，中國的社會有了嶄新的變革，尤其是明清的五百年間，一個不同於唐以前的

社會結構已經成立，但中國的國家體制仍固守唐朝的規模，而國家仍以經濟上的落後部門（農業）為政策的標準，這一方面使蓬勃的工商業無法進一步發展，另一方面也拖垮了農業。

「官僚制社會」是皇帝制度的另一個產物。二千多年來，中國社會的主要權力結構是官支配民。就官僚制度的理念而言，官僚組織是社會上唯一合法的組織，其他超越家族的民間團體，都是政權的潛在敵人，都遭國家的壓抑，如民間學團、商人團體等。另一方面，官人、士大夫所代表的價值是社會價值的標準。傳統中國人的最佳人生歷程是讀書求得功名而享高官顯爵。在這種一元的價值觀下，其他的行業與成就都是次要的，甚至無足道。

傳統中國的皇帝不只是人間政治系統的最高統治者，更是文化系統的最高領導人。傳統中國國家的主要功能是代表人間最高等的文化，皇帝是這個文化的捍衛者。基於這樣的理念，官僚機構必須以「教化」為其主要職責。

其次，就小農經濟而言，平均的小農社會一直是中國上層士大夫與基層農民所共同擁有的政治主張。中國歷史上的治世多是指這樣的小農社會，此即我們所說的「太平盛世」，而不是指經濟發展的時代。

農村的問題一直是歷代政權興衰的關鍵因素，而中國農村問題的焦點在於土地問題。秦漢以來，土地私有制已是中國主要的土地制度，土地買賣是這個制度的特色，它引發土地兼併的問題。在唐中期以前，基於「編戶齊民」的理念，國家的制度是不願承認民間的租佃關係。兩稅法公布之後，國家才正式接受民間的租佃關係，也不再企圖掌握每位人民，而以掌握土地與田賦為統治的手段。

近代中國問題的關鍵是人民的普遍貧窮，而貧窮的由來之一是人口的壓力。明清時期，中國的農業總產量增加快速，但這是因為人口增加所導致勞動力增加的結果。這種產量的增長，在農業技術條件沒有突破的情形下，很快遇到瓶頸，即勞動力的繼續投入已經無法增加產量。可是明清時期人口增加的趨勢無法抑止，所以每個人能夠分配的收入正在

遞減中。為了使多餘的勞動力也能就業，中國只好犧牲技術水準，以人力取代獸力與機械力。從南宋以來，中國的農業技術水準不升反降，主要肇因於此。

再者，我們也分析了中國王朝滅亡的兩大直接因素，即農民戰爭與外族入侵。中國歷史上農民戰爭頻繁的原因，計有：一，傳統農村缺乏組織力量，故無法抗拒國家在平時對於農村的無理干預，如賦役的負擔。二，小農經濟的體質十分脆弱，禁不起任何的社會經濟波動。歷代失業農民所造成的流民問題，是傳統社會一直無法解決的難題。再就外族入侵而言，它肇因於漢人農業民族與胡人游牧民族的結構性衝突。這包括兩者之間的文化衝突，以及胡人需要農業社會的生產品。胡人一方面透過貿易的方式取得所需，另一方面，則靠掠奪，尤其是貿易受阻或中國衰弱時。有些學者也相信氣候的變遷是胡人南下的原因之一。

最後，統一與分裂是中國史的一大課題。大致而言，統一是中國史的常態，分析其原因，可以有：一，漢以來，一個全國性的士大夫社會成立，中國不同地域、族群的士人，依文化的歸屬感而結合為一個團體。這種文化中國的理念是歷代統一的一大動力。二，漢以後，中國政權就具有一定的開放性，它透過選舉制度定期從民間選拔人才進入官僚界。三，秦漢以來，各地域社會的經濟發展的程度各異，隨著全國市場的出現，各經濟區域也逐漸被整合為一個大的經濟區。

習　題

1. 近代學者認為皇帝制度的兩大缺失在於沒有憲法與民意機構，請從這兩個角度分析民主政治與皇帝制度的優劣。
2. 如果近代中國貧窮問題的癥結之一是農村勞動力過剩，您覺得應如何解決這項困境？請申述己見。
3. 從北宋建國之後，中國統一的局勢已趨成熟，試述其原因。

第六章　近代的變局與展望

第一節　西力的衝擊與中國的改革

西力的入侵

　　西元十五世紀末年，葡萄牙人發現由歐洲直航亞洲的航線，一個新的時代於焉展開。在此之前，西歐國家必須透過義大利商人為中介，才能與亞洲國家貿易，西元十五世紀之後，西歐國家的商業活動日趨蓬勃，西歐商人乃努力擺脫義大利商人的控制，尋找直航到亞洲的新航線。於是西歐的政府與人民紛紛投入海上探險的事業，一個屬於海洋的時代已經來臨，誰能夠掌握海洋，便將是未來世界的支配者。

　　西元十六世紀初年，葡萄牙人到達廣州，並在西元 1557 年強占澳門。此時是中國的明朝中葉。在中國方面，自明朝初年（西元十四世紀後半）起，屢次頒布「海禁」，即禁止私人出海貿易。當西方的艦隊挾著西方政府支持，乘風破浪東來之際，中國的海上商人只能以海盜的方式出沒，於是中國喪失了制海的權力。

　　清朝雖開海禁，但是對海外貿易的限制十分嚴格，因此被稱為「閉關政策」。如歧視出海貿易的華商、限制商船的規模、限制出口商品等。又基於傳統的「朝貢」思想，清廷只准許進貢的外國官方船隻前來中國，一般民間船隻則在禁止之列。但西元十六世紀之後，來華的船隻多為民間商船，其目的是經濟性的，故中西雙方屢屢發生貿易糾紛。即使中國允許西方使節、商人前來貿易，也堅持朝貢的禮儀，亦即西方人必須對中國的皇帝行跪拜之禮，雙方為此禮儀也齟齬頻生。

圖三十　乾隆時期的廣州十三行

　　在乾隆到道光年間，清廷規定廣州是唯一的通商口岸，且規定只有政府特許的行商才可以從事中西貿易。外商在廣州的活動須受限制，外商也不得與中國官員自由交往（圖三十）。

　　今人多譴責清廷對外政策的無知與顢頇，或許我們應該多同情理解當時人的處境。清廷繼承了傳統中國的「天下秩序」觀念，在這種秩序觀中，中國是天下的中心。周邊國家透過向中國朝貢以及接受中國冊封，與中國結成一個政治體系。當時沒有今天的外交觀念，也無所謂「國際關係」存在。中國雖然也是一國，卻自認是「上國」與「天朝」。

　　傳統中國不需要倚賴對外貿易。歷來中國雖然壓迫周邊國家向中國朝貢，但目的不在於經濟利益，其實向中國朝貢的國家多能從中國這裡得到更多的資源。西元 1793 年，乾隆皇帝在寫給英王喬治三世 (George III) 的信中說：「天朝物產豐盈，無所不有，原不藉外夷貨物以通有無。」這並非外交辭令，也非誇大之詞。

傳教士的東來

　　西元十六世紀歐洲宗教改革之後，基督教各教派勢力互相競爭。羅

馬的天主教廷也一改過去的保守策略，積極從事傳教的工作，中國因而成為傳教士的重要目標。來華的教團中以「耶穌會」為主，初期以利瑪竇（Matteo Ricci，西元 1552–1610 年）最為重要。利瑪竇在西元 1582 年來華，西元 1601 年進入北京，當時的皇帝是明神宗（萬曆皇帝）。利瑪竇所採的傳教策略是尊重中國的禮俗，他並以儒生的姿態與中國士人交往，因此大獲好感。明末一些士大夫如徐光啟、李之藻等人，因利瑪竇而改信天主教。西方的學術、科技藉著這些傳教士的引介，也漸為中國士大夫所知曉。西元十七世紀清朝時期，最有名的耶穌教會教士是湯若望（Johann Adam Schall von Bell，西元 1591–1666 年），他曾在清順治朝廷任欽天監正，相當於天文臺長的工作。康熙皇帝愛好西學，也曾啟用耶穌會教士南懷仁（Ferdinandus Verbiost，西元 1623–1688 年）。

　　由於耶穌會的努力，中國人信仰基督教（天主教）的信徒人數激增。根據現有的記載，清朝初期的西元 1650 年，中國的基督教徒人數約十五萬，西元 1664 年達十六萬四千多人。清雍正時（西元 1723–1735 年），信徒已達三十萬人。

　　西元十八世紀前期，基督教在中國的傳教工作遇到了困難。羅馬教廷對於教徒的禮儀問題採取強硬的立場。如前所述，自從利瑪竇以來，在華的基督教傳教士對於中國信徒的尊祖與祭孔行為多不加干涉，以順應中國人的習俗。可是到了西元十八世紀初，羅馬教廷卻態度改變，凡與基督教教義不合的中國禮儀，都在禁止之列。滿清統治者雖以外族入主中國，反而刻意強調中國的傳統文化價值，尤其是儒學，以示其正統。因此雍正皇帝決定對羅馬教廷採取反制措施，限制基督教在華傳教，此即「禁教」事件。

　　禁教對於中西方的文化交流而言，無疑是個悲劇。基督教再度大規模來到中國，必須等到西元十九世紀中期，然而這一次基督教士是跟著西方的軍艦與戰士一起來到中國。因此在中國人的觀念中，佛祖釋迦牟尼騎著白象和平的來到中國，而耶穌卻是坐著大砲渡海而來。

帝國主義的入侵與舊中國的解體

西元十八世紀以後，西歐發生「工業革命」。這場生產技術與組織方式的突破首先發生在英國，因此英國成為世界的首強，西歐其他國家也跟進。工業革命之後，西元十六世紀以來逐漸勃興的「資本主義」獲得了新的發展，資本家可以運用新的科技、新的企業組織方式，從事大規模的生產，一個世界性的資本主義體系正在醞釀中。機器製的貨品將橫掃全球，各地的政治與文化的獨立性將遭到崩潰的命運，中國也不例外。由於大規模生產，資本家需要大量的原料與廣大的市場，在國內的資源不足與市場飽和之後，這些歐美的資本主義國家只有向海外掠奪，於是形成以殖民為目的的「帝國主義」。西元十九世紀之後，亞非洲國家與民族都難逃帝國主義者的入侵。

在西元十八世紀末年之前，中國是東方的強大國家，不是印度或東南亞小國可比擬。西元十六世紀以來，歐洲人的武力的確已優於中國，但中國仍然可以隨時組織武力擊退西方入侵者。如鄭成功擊退荷蘭人即為例證。但西元十九世紀之後，西方的絕對優勢已經形成，在西方勢力的壓迫下，中國的門戶被迫打開，傳統中國急速解體，近代中國一幕幕的悲劇開始上演。面對西力入侵的局勢，李鴻章說這是中國「三千年來未有之大變局」。

清季的改革與革命

歷史學家多以中英鴉片戰爭（西元 1840–1842 年）為近代中國的開端。誠然，回顧歷史，鴉片戰爭及其所簽訂的〈南京條約〉（西元 1842 年）具有重大歷史意義。這場戰役，中國敗於一個西方的「外夷」，割地賠款，且簽下不平等條約。但這場在東南沿海所發生的戰役，其實並沒有真正驚動中國的統治階層，當時能夠體會「大變局」發生的知識分子是少之又少。必須等到西元 1860 年，英法聯軍攻入北京，咸豐皇帝倉皇辭京，天子御花園圓明園遭搶掠焚毀後，中國知識分子再一次面臨「靖康恥」，

於是有西元 1860–1894 年期間，由恭親王奕訢、曾國藩、李鴻章等人所領導的「自強運動」。

在自強運動時期，改革的理念仍停留在「富國強兵」的階段。這批主其事者認為中國的危機在於軍力不如西方，因此改革的方向集中在「船堅砲利」之上，主要的措施是由官方經營軍需工業，因此有江南製造局、福州船政局等機構成立。其後，因為賠款與國防支出的增加，國家的財政日益困難，為了解決財政收入，清廷開始鼓勵民間工業，正式改變傳統的輕商與抑商的政策，於是才有由官方主持民間集資興辦的企業出現，即所謂「官督商辦」。

西元 1895 年中日發生「甲午戰爭」。這場戰役才真正驚醒了中國這隻睡獅，堂堂天朝上國竟然敗給素為中國所輕視的「蕞爾小國」日本。戰後，中國士大夫普遍覺醒，體認中國必須要改革，而且不只停留在技術層次。當時一派人認為日本的獲勝是因為「明治維新」（開始於西元 1868 年）的成功，而明治維新的重點在於模仿西方的君主立憲政體，即國君為虛君，不負責實際政務，而國家的主權歸於國會。於是改革者開始致力推動君主立憲政體，換言之，改革矛頭已經對準了皇帝制度。

西元 1898 年，光緒皇帝在康有為、梁啟超的策劃下，展開「戊戌變法」。變法的主要內容即改革官僚制度，並計畫制定憲法，召開國會。這次變法終歸失敗，只維持了約一百天，故又稱「百日維新」。西元 1900 年義和團事件引發八國聯軍侵華，北京再度淪陷。事後，滿清政府為了收拾民心，再度領導變法。西元 1904 年至 1905 年，日俄在中國東北發生戰爭，日本獲勝。這一仗給中國人極大的刺激，中國知識分子認為日本之所以能戰勝老大、腐敗的俄國，歸功於立憲之賜。換言之，這又是一次立憲國家戰勝專制國家的例證。因此輿論多主張清廷應改為君主立憲制度，立憲運動風起雲湧。在士大夫輿論的壓力下，西元 1906 年清廷宣布預備立憲，準備成立國會，建立君主立憲政體。

與立憲運動同時而起的另一派主張，則是徹底推翻皇帝制度，建立民主立憲體制，其代表是孫中山所領導的國民革命。立憲與革命這二條

路線的競爭，最後革命派獲勝，西元 1911 年，辛亥革命將清朝推翻，第二年中華民國成立。從西元前 221 年開始的皇帝制度，正式告終。其後雖然有袁世凱的稱帝（西元 1916 年），與清朝末代皇帝溥儀復辟（西元 1917 年），但終歸曇花一現。歷史證明，雖然民國以來，各種名義的獨裁、極權統治頻現，但皇帝統治已一去不返。

皇帝制度滅亡的過程

如何評價辛亥革命，史學家之間頗有爭議。總結而言，這是一場有意義的革命，因為它推翻了皇權，而皇權正是傳統政治不合理的根源之一。然而，辛亥革命並沒有為中國帶來民主政體，而是長期紛擾的內戰，故就建立民主政體而言，它是一個失敗的革命。追究辛亥革命失敗的原因，在於國民革命所面對的是一個古老的體制，非一夕之間能有所變革。一個新的政體不可能突兀的建立在舊的社會結構之上。

推論清朝滅亡與皇帝制度遭推翻的原因，可以有以下幾點。

一、士大夫階層的解體。在清季的改革中，西元 1906 年科舉考試遭廢止無疑是一件大事。科舉制度對於中國的功過，此處不予討論。無論如何，一千多年來，中國的國家與民間的結合，即透過科舉為媒介。由於科舉制度的作用，傳統中國的國家具有一定的開放性，士人可以循此制度化的管道，成為國家的官僚，與皇帝共享統治權力。科舉官僚雖然稱不上今天所謂的「民意代表」，但由於人們尊重儒學的教養，所以科舉官僚也是地方上的社會領袖。多少士人從童蒙開始，即以科舉考試為目標。在明清時期，科舉考試已不是上流社會的特權，中下層的地主也有機會參加。這也是士人一向擁護皇帝制度的原因。

按照清廷的規劃，在科舉考試廢除後，士人欲進入官僚界，可進入新式學堂或參加民意代表的選舉。就前者而言，新式學堂的學費十分昂貴，非一般的士人所能負擔，換言之，只有上層的士大夫得以入學，所以這項管道的公平性反而不如科舉。至於民意代表的選舉，更是遙遙無期。科舉考試的頓遭廢止，一般士人的失望憤懣是可以想像的，也催化

了士人對於滿清政府的離心力。科舉的停辦實際上是宣告了皇帝制度的結束。

另一方面，科舉制度的廢止，也造成士大夫之間的分裂。上層的士大夫可以透過新的管道上升，而中下層的士大夫反而成為受害者，喪失了在政治界上升的管道。此外，由於西方資本主義進入中國，出現許多新興的職業，許多士人投入工商業的活動，也有些人從事西方式的行業，如教師、新聞業、律師、西醫等。這些行業在社會上取得了尊嚴與價值，於是士人的身分不再是社會價值的標準。由於西方文明的強勢，這些新式行業所代表的西方價值也成為強勢，相對的，士人所代表的儒教開始沒落，多元的價值觀開始浮現。這些發展促使皇帝制度下的「官僚制社會」出現了鬆動的現象。

士大夫階層解體的結果，是皇帝制度失去主要的支持力量，因此武昌起義的一把戰火，竟促使滿清政權土崩瓦解。但在此同時，科舉的廢止，使得國家與民間失去聯繫的管道，這個管道亟待民主選舉的建立。然而，民主制度的建立又一再遭到挫折。這種發展造成民國初年中國的內戰。

二、辛亥革命的成功主要歸因於各省的響應，而各省能夠自行決策，則可上推到西元 1850 年代的「太平天國」運動的結果。在這場變亂中，清廷政府的無能暴露無遺，平亂的力量須靠漢人官僚所號召的地方軍隊，如曾國藩的湘軍。戰後，滿清政府對於地方的控制力大為削弱，地方上的實權落入漢人的上層鄉紳手中。在清末預備立憲階段，清廷為籌設各級民意機構，在省級設立諮議局。各省上層鄉紳藉機出任議員，以「地方自治」為名，實際上把持了地方政務。我們可以看出皇帝制度的郡縣支配原理在崩潰中，地方勢力的抬頭解消了「本籍迴避」制度。

這些上層鄉紳中，理解民主理念者寥寥可數，多數人是想藉立憲為由，爭取私人的利益，而非措意於公共的制度。當武昌起義的戰火燃起，這批人觀望時局，所以先宣布對於清廷與革命黨的戰爭，採中立的立場。其後，看到革命黨的局勢轉好，各省諮議局又紛紛響應革命。於是滿清

政府看到大勢已去，宣統皇帝只好宣布退位，民國成立。然而這批上層鄉紳並非有志於民主政體的建立，他們的掌權，反而是民主的掣肘與中國未來分裂的原因之一。

　　三、甲午戰爭之後，清廷為了加強軍力，籌建「新軍」，即仿照西方軍隊的建制方式。在西元 1901 年至 1907 年間，中國有兩支新軍，一是清廷任命袁世凱所訓練的北洋軍，一是張之洞在湖北編練的自強軍。西元 1907 年，清廷下令各省開始籌建新軍。從宋朝以來，皇帝制度便強而有力的掌握軍權，所以當清朝政府尚存時，軍隊系統仍須服從官僚系統的命令。可是令清廷意想不到的是，這批新軍卻提供了革命黨與民初軍閥的來源。清末革命黨人的勢力已經進入南方的新軍，武昌起義的主要力量即為南方的新軍。在辛亥革命爆發的同時，清廷的政權也實際上落入以袁世凱為主的北洋軍閥手中。因此，辛亥革命爆發以後，民國能否成立的關鍵除了上述各省士大夫的支持之外，就是北洋軍閥的態度，滿清政府實際上已無足輕重。結果北洋軍閥願意支持孫中山所領導的國民革命，宣統皇帝只好黯然下臺。但是革命黨也不得不與北洋軍閥妥協，民國元年（西元 1912 年）一月一日，孫中山就任臨時大總統，可是一等到同年二月十二日滿清退位，孫中山即依承諾讓位給袁世凱。辛亥革命雖然帶來了民主的國號，但是革命的成果卻為各省的上層士大夫與北洋軍閥所分享，接下來的中國是更加動盪不安。

軍閥體制

　　革命黨的建國理念是英美的代議民主，即國家的運作必須依照憲法與民意機構（國會）。對於革命黨人而言，當務之急是建立國會與制定憲法。於是在民國成立的同時，臨時參議院在首都南京成立，為國會機構（圖三十一）。新政府並公布《臨時約法》，此法具有憲法的位階，並準備在十個月內，召開正式國會，制定憲法。

　　但民初的國會與憲法都徒具民主的形式，而缺乏實質的意義。民初人民的識字率約百分之六，在這樣一個人民普遍是文盲的國家中，憲法

圖三十一　民國元年一月二十八日臨時參議院舉行成立大會

的制定與頒布對於民權的保障無太大積極的意義。其次，民意機構的意義在於選區的選民投票選舉他們的民意代表，故其重點在於民意代表與選區的結合。然而民初以來的國會議員都沒有經過確定的選舉過程，其實是由上層的鄉紳與商人所把持。民初的中央政府其實是像孤島一樣的浮在中國社會的汪洋上，缺乏足夠的民意支持。

上層的鄉紳支持國民政府尚可以獲取一些利益，而地方上的中下層鄉紳卻沒有因為辛亥革命得到好處。一方面，因為國民革命的關係，底層的人民經常藉機起事，因此地方治安惡化，中下層鄉紳是國民革命的直接受害者。其次，科舉考試的廢止，斷送了他們進入政界的管道。這群人的不安與不滿是不難想像的。再者，皇帝制度的約束力頓失之後，地方上的軍人趁機坐大，武力成為社會上最重要的權力，地方上的鄉紳只好支持各地的軍人，以求庇護並掌握地方上的政局，於是一個軍閥領導鄉紳的體系開始出現，中國也朝向分裂的路途前進。

民國成立之後，接收革命果實的是軍閥政體。當皇帝制度結束後，新的民主政體遲遲不能成立，於是國家與社會的聯繫中斷。在中央，少數的士大夫與商人把持政治；在地方，鄉紳也把持地方政治。而他們各

自尋求軍閥的庇護。最後實際上掌權的是這批軍閥，從地方上的鄉長、縣長，到中央的總理與總統，都受軍人操縱。這就是民國初年到抗戰前夕的軍閥政體。

反傳統的文化運動

從清末改革以來，改革者仍視傳統文化為最高的價值規範。如張之洞等人為求改革，提倡「中學為體，西學為用」，仍然不敢觸動傳統文化的倫理、道德等方面。戊戌變法時期，改革者將改革的層面延伸到政治體制，但仍然引用傳統經典，以證明改革的正當性。即使是革命黨人，對傳統文化也不完全採取否定的態度。例如他們認為革命、共和、自由等觀念其實中國自古即有。孫中山也曾認為建立民國是要恢復「國粹」。

然而，民初以來，民主政體的建立頻遇挫折。不少知識分子開始認為中國問題的癥結不只在於政治制度的不良，而是我們的文化出了問題。革命要成功必須先從人心作起，孫中山先生在一連串的失敗後，開始撰寫《孫文學說》，主張革命必先「革心」，便是基於這樣的認識。

二、三千年來，傳統中國的最重要特質在於它的文化優越性。一旦知識分子普遍覺得這個文化出了問題而需要改革時，傳統中國已經完全崩潰。

在民國初年，一些知識分子認為，皇帝制度所代表的「專制」政體雖然被辛亥革命所推翻，但民主政體仍無法建立，其關鍵在於支撐專制政體的文化價值仍強而有力的存在。這些價值觀即傳統的忠孝觀念，而提供這套忠孝觀念的理論來源是儒教。所以儒家必須為中國的失敗負責。要推翻專制，建立民主自由的政體，中國必須要徹底反省儒家思想。這種將儒家與專制劃上等號的學說，在民初以來開始流行，一些知識分子並認為儒教是中國進步的最大阻力。袁世凱在稱帝的同時，推動以儒教為國教與讀經的運動。這也使人們更加確定專制與儒家的關聯性，儒家的形象因此大壞。

民國六年（西元 1917 年）以後，「新文化運動」展開。民國八年（西

元 1919 年）五月四日，中國學生為抗議第一次世界大戰後的和會中，列強竟將德國在山東的特權轉交給日本，發動了反帝國主義的愛國運動，稱為「五四運動」。五四運動是新文化運動的繼續和發展，而新文化運動也被通稱為「五四運動」。新文化運動的領導者為胡適、陳獨秀等人。參與新文化運動的知識分子將改革的矛頭對準以儒家思想為代表的傳統文化，所以也有學者以「反傳統」說明這場運動，其中最激烈的主張是「全盤西化」。在西方的新思想中，最重要的是民主與科學，即德先生 (democracy) 與賽先生 (science)。一部分的新文化運動者認為，中國必須要放棄舊有的文化體系，依民主與科學的原理重新建造起來。

五四新文化運動對中國的影響十分深遠。由於知識分子對於西方文化的渴求，新思潮源源不斷的被引進中國，它們帶來了中國思想的解放與新的啟蒙。此後，民主與科學取代了儒教成為中國文化的新指導原則。在新思潮中，又以馬克思主義引進中國的影響極為深遠。民國六年，俄國馬克思主義革命成功，蘇聯共產黨政權成立。這個事件給與中國人極大的刺激，俄國革命的成功，相對於國民革命採用英美代議民主理念而終至失敗，促使一些知識分子認為蘇聯式的共產革命或許是中國可以採行的另一條道路。於是馬克思主義開始吸引一些青年，在中國散布開來。

反傳統的文化運動的基本理念，是相信透過思想改造可以救中國，而這一條路線也為中共所採用。西元 1960 年代中國所掀起的「文化大革命」，其原因固然很多，但其根本的想法仍是基於思想改造是政治、經濟建設的前題，換言之，當政治與經濟發生問題時，就歸咎於思想路線的錯誤。在文化大革命期間，中共當局強調要「破四舊，立四新」，企圖全面摧毀舊文化，並強調革命需從內心作起，有所謂「靈魂深處鬧革命」的口號。這種作法一脈相傳了五四以來的反傳統理念。

社會經濟問題的激化與中共政權的成立

西方資本主義進入中國之後，對傳統中國的經濟結構帶來極大的衝擊，小農經濟制度逐步解體。西元 1842 年中英〈南京條約〉簽訂後，列

強得在中國沿海設立通商口岸，一些因西方資本的進出而繁榮起來的工商業城市陸續在沿海地區出現，其中最突出的是上海。西元 1895 年中日〈馬關條約〉簽訂，外商取得在通商口岸設立工廠的權利。這是近代中國經濟發展的重要轉折。在此之前，外國商人必須通過海運，將本國商品運來通商口岸銷售。在此之後，外商可以直接在通商口岸設廠，一方面節省運輸費用，另一方面可以就地運用中國的廉價勞工，因此貨品的成本大幅降低，也就更具有競爭力。

西元 1895 年之後，官督商辦的政策被取消，民間商人可以自由的投入工商業活動。西元二十世紀以來，由於民族主義的激昂，中國民間工商業者，或稱為民族企業家，大多受到政府與民間的獎勵與鼓舞。尤其在第一次世界大戰（西元 1914–1918 年）前後，由於歐美列強忙於處理戰爭事務，無暇東顧，所以中國本身的紡織、麵粉、絲織業等輕工業在上海及其附近的城市急速發展，不僅帶動了這個地區的繁榮，也促使一批江浙商人的興起。民國十六年（西元 1927 年）之後，因為北伐的完成與政局的相對安定，一些經濟建設的基礎工程開始進行，如金融機構的普及，鐵路網的擴張等。

然而，在城市日漸繁榮的另一面，是農村問題日趨嚴重。沿岸城市的工廠林立，固然為農村人口提供了一條就業之路。但洋貨入侵鄉村，取代了土貨，則嚴重的打擊了農村經濟。明清時期，小農之家所生產的土紗是農民重要的收入來源。可是西元 1895 年之後，在進口的洋紗或沿海城市的工廠所生產的機紗的夾殺下，土紗已面臨淘汰的命運，農家的收入也因此縮減。明清以來，中國的農業經濟已經面臨勞動力過剩的問題，如今因洋貨入侵而失業的人口將何去何從，使農村經濟雪上加霜。通商口岸的經濟繁榮也同時加深了沿海與內陸的經濟鴻溝。中國可謂一分為二，一是沿海的中國，一是內陸的中國。農村的貧窮問題反而因為沿海的經濟發展而惡化，於是內陸的共產黨運動正蓄勢待發。中國人民在經歷了經濟的貧窮、國家的分裂與英美民主制度實驗的失敗之後，大多企盼生活安定、民族統一與基本的生活水準與尊嚴。

　　自從五四運動之後，中國有一批知識分子認為近代中國積弱不振的原因在於經濟制度不良，而經濟制度的問題在於資源分配不公，少數的地主壟斷絕大多數的土地，而實際耕作者卻沒有土地。這些人認為土地問題是中國問題的關鍵，因此主張利用階級鬥爭的方法，以從事土地改革。這批知識分子其後多成為共產黨員。民國十年（西元 1921 年），中國共產黨成立。民國十六年（西元 1927 年）國民黨「清黨」，國共分裂，共產黨便開始在農村運動，組織農民，進行土地改革，從而與基層農民產生緊密的結合。相對的，國民黨在農村的基礎卻逐漸鬆動，愈來愈倚賴沿海城市中的工商業者，其政權的危機也日趨浮現。

　　對日抗戰期間，中國的農村受到嚴重的摧殘，而中共也藉機在農村（尤其是華北）運動，以共產黨的組織體系，建立了龐大的基層組織。而這種黨中央與基層社會的制度化聯結管道，是中國國民黨所欠缺的。民國三十四年（西元 1945 年）抗戰剛勝利，國共即已開打。民國三十五年六月三十日，國共停戰會談決裂，內戰全面化。民國三十七年七月，國民政府宣布「動員戡亂」。民國三十八年十月一日，中共領袖毛澤東在北京天安門宣布「中華人民共和國」成立。蔣中正的國民政府退守臺灣。兩軍隔臺灣海峽對峙的局面，一直延續到今天。

中國的經濟改革

　　中共政權成立之後，在西元 1950 年代開始實施土地改革。由於政治局勢的安定與農民能夠分配到較多的土地，1950 年代的初期，中國農村經濟獲得了改善。但是這只是歷代政府重建自耕農經濟的舊方法，因為土地分配不公的問題固然要解決，但自明清以來，中國農村經濟的關鍵問題卻是農村人口過剩，多餘的勞動力沒有出路。中共的土改並不能解決這個根本困境，於是農村貧窮的問題很快就浮現檯面。另一方面，中共不僅沒有積極防止人口膨脹的現象，甚至毛澤東還相信「人多好辦事」，鼓勵生育，使中國的人口激增，農村勞動力過剩的問題更形惡化。

　　中共領導階層為貫徹共產主義的理想，在 1950 年代後期開始推動

「合作化」與「集體化」運動，即打破小農經濟的格局，取消土地私有制，在農村推動集體農場制度。中共自西元 1958 年開始將農村編組成「人民公社」。這項政策對於農村問題的解決沒有助益，甚至弊多於利。一方面，二千多年來，中國的農業經濟是建立在小農經濟與精耕細作之上，它適合家庭農場而不適合集體農場的經營方式。私有土地制度的取消使農民失去了最大的勞動動機。另一方面，集體農場的措施促使農民繼續留在農村，多餘的勞動力仍然沒有出路，結果是更多的人分食既有的經濟成果，每個勞動力的平均產量下降。集體化的立即結果是西元 1959 年到 1962 年農村饑饉所引發的人口大量死亡。這項集體化的政策對於中國是一項空前的災難。在 1970 年代，中國已經是世界上赤貧的國家。

直到西元 1978 年，鄧小平主持中國的經濟改革，中共才正式放棄集體農業的政策。此後，中共的經濟改革路線主要有二：一是解散集體農場，改以家庭為基礎的農業，在一定的限度內承認土地私有制度，以及勞動者可以擁有他的生產所得。二是將大量的農業剩餘勞動力轉移到工商業部門。這些政策並配合中國控制人口的新政策，即所謂「一胎化」。第一條路線是恢復傳統的自耕農經濟型態，然而歷史的經驗告訴我們，它只會帶來一時的繁榮，最後還是會回到勞動力過剩所帶來的普遍貧窮問題。第二項改革才是真正有意義的措施，即減少農業人口，使農業勞動者的平均收入增加，多餘的勞動力則投入工商業部門。而經濟落後國家要拓展國內的工商業部門，只有引進外資一途。1980 年代之後，中共積極的吸引外資到大陸投資，藉外資設立工廠，再吸引內陸的農民到沿海城市就業，減輕內陸農村的勞力過剩問題。鄧小平在 1985 年宣稱中國的經濟改革是「一部分地區、一部分的人先富起來，帶動和幫助其他地區、其他的人，逐步達到共同富裕。」即先在沿海建立經濟特區，引進外資，並造就民營企業家，以期帶動內陸地區與人民的經濟成長。1993 年中共正式承認市場經濟體制，並宣稱這種市場經濟的制度是「具有中國特色的社會主義」。這二十多年間，中國的確擺脫了明清以來的經濟困境，經濟以驚人的速度發展。在二十一世紀的前幾年，中國已躋身全球的經

濟強國。但是中國的經濟「改革開放」，仍須面對嚴峻考驗。一方面，如何建立一個完善的市場機制，不要讓那些「先富起來」的集團與地區壟斷社會財富，否則只會更加深貧富分化。在 2003 年，中共已喊出「讓另一部分也富起來」的口號，亦即中國除了要建立經濟的效率外，也要建立社會的公平。另一方面，當中國快速資本主義化時，傳統中國的價值失落，共產主義的堅持也不再，如何對內建立起新的倫理價值，對外則要因應全球化所帶來的社會、文化各方面衝擊。我們都是這段歷史的見證者，我們也在寫歷史。

第二節　臺灣的現代化

臺灣光復與國民政府遷臺

　　民國三十四年（西元 1945 年）八月十五日，日本天皇宣布無條件投降，並將臺灣歸還中國。自從中國甲午戰敗，〈馬關條約〉將臺灣割讓給日本，臺灣接受了五十年的日本統治。同年十月十七日，國軍在基隆登陸，執行接收臺灣的任務。十月二十五日，臺灣省行政長官陳儀與臺灣總督安藤利吉代表中日兩國政府，在投降文書上簽字，臺灣正式交還中國。這一天就是臺灣光復節的由來。

　　日本在臺灣的五十年統治期間，在這塊土地上建立了深厚的政治社會基礎。當日人戰敗，匆忙撤離後，權力真空的問題隨之浮現，而立即的結果是社會脫序。以陳儀為首的國民政府與國軍因為民情的隔閡，與當地人民之間屢生衝突。臺灣光復時，絕大多數的臺灣人民熱切的期待重歸祖國懷抱，但戰後的經濟蕭條與政府的經濟管制，使許多人民的生活沒有因光復而獲得明顯的改善，因希望而來的失望乃在社會當中彌漫。終於在民國三十六年（西元 1947 年）二月二十八日，因臺北的一場警民衝突，釀成全島的反政府運動。這次事件又因為國民政府採取軍事鎮壓的手段，而死傷慘重。此即為「二二八」事件。這個事件雖被鎮壓，但

造成了長期以來國民政府與臺灣人民之間的疑懼與對抗，尤其引起臺灣的地主階級對國民政府的反感。它也成為其後臺灣反對運動的重要來源。

民國三十八年（西元 1949 年）十二月，國民政府在大陸失利後撤退到臺灣來。從此，以臺北為首都的中華民國政府實際轄有臺灣、澎湖、金門、馬祖。

土地改革與農業發展

戰後五十年臺灣的經濟發展被譽為「經濟奇蹟」，我們在人類歷史上創造了「臺灣經驗」。以下我們分析臺灣經濟發展的歷史脈絡，首先說明臺灣土地改革的成功及其意義。

當中國內戰全面在大陸展開時，蔣中正總統已有計畫的要將他的勢力轉移到臺灣來，因此必須要安定臺灣社會。中共在中國大陸的勝利，主要歸因於廣大農民的支持，農民的支持則是因為中共的土地改革政策。因此，國民政府有計畫的在臺灣扶植自耕農階級。

在民國三十八年二月四日，政府宣布實施「三七五減租」，同年四月十二日實施。所謂「三七五減租」，是指佃農所繳的佃租不得超過主要耕作物的千分之三百七十五。歷來佃農所繳的佃租都以收成的一半為原則，因此三七五減租是減免佃農租稅的措施。接著，民國四十年（西元 1951年），臺灣開始實施「公地放領」，即政府公有地開放給農民登記耕種。

民國四十二年（西元 1953 年）一月二十六日當局開始實施「耕者有其田」，即以政治法律的方式，強制地主將土地轉交給實際耕種的佃戶。這項政策的成功奠定了臺灣經濟繁榮的基礎。在現代化的歷程中，農業社會要轉型為工商業社會的關鍵之一，在於資本必須從土地中解放出來，轉移到工商業部門。因此，將土地交給實際耕種的農民，一方面提高農民耕作意願，在當時的技術水準下，可提高農業生產量；另一方面，擁有資本的地主可以轉投資到工商業部門。如依耕者有其田政策，政府為補償地主的損失，發給地主公營企業的證券、股份與股東的職位，使地主轉移到工商業。根據統計，西元 1948 年，自耕農所耕田地面積占所有

田地的百分之五十五‧八，到了西元 1953 年，此一比例上升到百分之八十二‧八。自耕農占全體農戶的比例，也由西元 1948 年的百分之三十三上升到西元 1952 年的百分之五十一‧八。可見土地改革的成效。

西元 1950 年代，臺灣土地改革的成功，部分歸因於臺灣特有的局勢。中國歷史上的土地改革，如限制大土地所有的政策，多未能奏效。失敗的關鍵在於政策的執行者本身就是大土地所有者。臺灣耕者有其田的執行者多是由大陸來臺的官員，他們與土地沒有太深的聯繫，故較能貫徹政府的政策。另一方面，國民政府在「二二八」之後，與地主階級的嫌隙仍在，所以必須另覓支持的基礎，於是扶植佃農為自耕農便成為重要政策。事實證明，因土地改革而獲利的新自耕農階級，其後成為國民政府的支持者。這也使得國民政府能長期而順利的在臺灣行使統治權。

此外，從日治時代以來，日本殖民政府的經濟政策是「工業日本，農業臺灣」，臺灣的農業已有長足的進展。在西元 1920 年代，已開始使用化學肥料。農會組織的成立對於臺灣農業的貢獻極大，此後新品種、新技術可以透過農會的系統迅速引進與推廣。光復後，農會體系仍然被保留下來，成為農業發展的重要基石。

雖然土地改革績效卓著，但西元 1950 年代以後，臺灣同時也開始實行「以農業培養工業，以工業發展農業」的政策，亦即以農業生產的剩餘補貼工業。相對於工業的成長，農業卻逐漸萎縮，終致農民蒙受相當的損失。於是這五十年來，臺灣農業發展的結果是傳統的重農主義消失。1980 年代以後，農民普遍對農業喪失信心，尋求轉業。歷來視為神聖家產的田地也淪為純粹商品的地位，可以視行情買賣。由於房地產價格的暴漲，許多擁有農地的農民一夕之間成為暴發戶。回顧二、三千年來中國農民爭生存、爭自由的歷史，其結局發人深思。

經濟的起飛

國民政府剛遷來臺灣之際，臺灣的政經局勢可謂風雨飄搖。西元 1950 年 6 月韓戰爆發，美國所支持的南韓政府與蘇聯、中共所支持的北

韓在朝鮮半島血拼，以美國為首的「自由世界」以及蘇聯為首的「共產世界」長期對抗的局勢出現，即所謂「冷戰」。臺灣成為美國在亞太地區抵抗共產勢力的要塞，戰略位置重要。韓戰以後，美國第七艦隊開始協防臺灣。民國四十三年（西元 1954 年），〈中美共同防禦條約〉簽訂後，臺海的局勢才安定下來，臺灣獲得喘息，方能致力於經濟發展。臺灣也因為與美國站在同一陣線上，而獲得了美國經濟上的援助。從西元 1950 年到 1965 年，臺灣因為美援的協助，解決了因為軍事支出而造成的大量赤字，且進一步利用這筆資金發展電力、肥料等基礎工業。

西元 1950 年中期起，臺灣確立了工業為經濟發展的首要目標。此後，臺灣工業建立在三項要素上，即吸引外資、充足的廉價勞工與出口導向。

民國四十三年（西元 1954 年），政府公布〈外國人投資條例〉，第二年公布〈華僑回國投資條例〉，積極的獎勵海外資金投入臺灣的工商業。這二項法規收到很大的效果。民國五十七年（西元 1968 年）臺灣實施九年義務教育，國民素質獲得提升。這批廉價又素質高的勞工，成為經濟發展的一大動力。臺灣利用本地廉價的勞工，發展勞力密集的工業，如紡織、水泥、塑膠品、電器等。

西元 1960 年代，世界的經濟結構發生改變，歐美日本等資本主義先進國家需要廉價次級的民生用品，這些國家逐漸被淘汰的工業紛紛來臺灣設廠。臺灣正好趁此機會大量生產這些先進國家所需要的民生用品，且大量的銷售到這些先進國家，賺取了高額的外匯。民國五十五年（西元 1966 年），第一個加工出口區在高雄設立，此即是結合廉價勞工、外商設廠、外銷為主的機構。西元 1970 年代，臺灣已躍居亞洲新興工業國家之首。在此同時，臺灣也被納入世界貿易體系的網絡中，而成為歐美日本核心國家的邊陲，必須接受這些先進國家的支配。

戰後的臺灣在整個世界經濟體系中，仍屬於「未開發」的地區。西元 1950 年代，臺灣的國民年平均所得為二百二十四美元，同時期的非洲肯亞是一百二十九美元，南美的阿根廷是七百零九美元。到了西元 1980 年，臺灣已經超越了阿根廷，當年阿根廷是二千二百三十美元，而臺灣

是二千七百二十美元，肯亞則只有三百八十美元。1980 年代臺灣與南韓、香港、新加坡並稱「亞洲四小龍」。臺灣的國民所得在西元 1992 年首度超過一萬美元，已相當於已開發國家的水準。

社會經濟的危機與轉機

西元 1980 年代以後，臺灣的經濟開始出現危機，以前我們所享有的優勢逐一喪失。首先是國際環境的改變，工業先進國家改採保護主義，對於外國商品進入本國市場開始設下限制，這對出口導向的臺灣而言，自然十分不利。另一方面，其他新興國家挾著廉價勞工的優勢，以廉價的商品與臺灣貨競爭市場，這些國家如東南亞與中國大陸。

其次，由於經濟的發展，勞工生活改善的同時，長期的低工資待遇造成勞工階級的不滿。民國七十三年（西元 1984 年）政府頒布《勞動基準法》，正式以法律保障勞工的基本工作權。從此，廉價勞工的時代結束。這無疑是臺灣的重大成就，即所有的臺灣人民可以分享經濟建設的成果。但在此同時，工資的持續上揚使得勞動密集的工業因成本上升而無法支撐，且在外有新興工業國家的競爭之下，業者不是關門就是到海外設廠。在這種情形下，臺灣的工業必須從勞力密集轉向資本與技術密集的新導向。民國六十九年（西元 1980 年）新竹科學園區的成立就是往這個方向邁進的一步。臺灣將來是否能持續發展，就看這次轉型能否成功。

再者，西元 1980 年代後期，臺灣面臨投資意願低落的問題。大量的資金流入土地與股票，而不是從事生產部門的投資。房地產與股票的景氣卻造成了財富重新分配，在此之前有資金可以投入土地與股票炒作的人獲得了鉅大的利益，相對的，沒有資金可以從事這些投機的人成為經濟上的弱勢團體。於是臺灣的貧富差距日益加大，成為社會不安的潛在因素。而此情形的改善，有待政府當局訂出明確的法律來規範金錢遊戲，並建立合理的賦稅制度。

最後，長期以來臺灣以經濟發展為首要目標，忽略了環境的保護。1980 年代以來，社會上公害糾紛不斷。我們正面對是否要適度縮減經濟

成長，以部分資金投入環保建設的難題。然而，如果今天我們不做，後代子孫必須付出更大的代價來修補我們所毀壞的地球。

民主化的歷程

近代中國在歷經辛亥革命之後，民主政體的建立是一波三折，直到西元 1980 年代以來，臺灣的「民主化」才算獲得了相當的成效。我們曾說過，自辛亥革命以來，中國民主化挫敗的關鍵因素在於上層的政治組織與基層社會之間缺乏中間階層的聯繫。中共雖然依靠共產黨的組織建立起上下的聯繫，但這套組織體系不是民主的。而臺灣民主化的關鍵在於戰後臺灣社會崛起了一個新興的中間階級，或稱作「中產階級」。

國民政府在民國三十八年五月二十日，宣布臺灣地區戒嚴，從此臺灣進入戒嚴體制，一直到民國七十六年七月才解除。因為戒嚴的實施，許多人民的政治權力遭到凍結，如人民的參政權，集會遊行與出版等公民權。國民政府撤退來臺灣之後，中央民意機構也遷來臺灣。因為國民政府宣稱代表全中國，故在光復大陸之前，中央民意代表可以續任而不改選，以示擁有大陸的主權。

然而，國民政府為顯示其為「自由中國」，所以辦理地方級的首長與民意代表的選舉。因此在戒嚴體制之下，臺灣人民仍可以選舉地方的公職人員。這項選舉的經驗對於臺灣未來的民主化極為重要，地方公職人員的選舉一直成為臺灣反對勢力聚集的管道，並藉此培養反對黨的領袖。

由於經濟的發展，民國五十三年（西元 1964 年），臺灣的工業生產額首次超過農業，換言之，臺灣已經轉型為工業為主的國家。一批民營企業的商人興起，傳統小農階級的力量急遽消退。這批「中產階級」逐漸要求參政權，他們不能接受政權為少數人所把持。他們也要求合理的公民權，如集會結社、言論自由與出版自由。從 1970 年代以來，臺灣的反對運動日益蓬勃壯大。反對運動的主要理念是國家必須代表社會，國家的公職人員必須由人民選出。當中華民國的治權已不及中國大陸時，我們的公職人員就必須完全由臺灣地區產生。所以當時的主要訴求是取

消戒嚴與國會全面改選。

　　這場民主運動不同於由上而下的清末的變法，也不同於只限少數人參與的革命，它是由下而上的社會運動。而這場運動成功的另一要素是1980年代中期開始，當時的臺灣最高領導人蔣經國總統開始推動民主改革，於是國民黨的機器能夠適時反映民間的脈動。民國七十六年（西元1987年）七月十五日，臺灣地區解除戒嚴，臺灣地區的人民可以依憲法享有應有的政治權利。如民國七十七年（西元1988年）元月政府宣布開放黨禁，人民可以合法的組織政黨。民國八十年（西元1991年）年底大陸所選出的民意代表全面退職。第二年年底立法委員重新改選，而新的委員全由臺灣地區的選民選舉產生。民國八十三年（西元1994年）年底，長期為官派的臺灣省長、臺北市長與高雄市長也由民選產生。民國八十五年（西元1996年）臺灣首次採用全民直接選舉的方式，選出李登輝為總統。民國八十九年（西元2000年）代表反對黨民主進步黨參選總統的陳水扁獲勝，象徵國民黨在政黨政治的制度下首次失去政權。政黨輪替也意味臺灣更進一步邁向英美式的民主政體。

　　臺灣的民主改革仍在持續中，舊的皇帝制度的陰影是否能褪去，二十世紀極權主義的影響能否消失，我們能否在這塊土地上創造出一個自由、正義、有秩序的社會，端賴我們的智慧與努力。

摘　要

　　本章我們說明了近代中國從傳統到現代的歷程。傳統中國的構成要素可以區分為以下幾項，一是皇帝制度，二是士大夫社會，三是儒教，四是小農經濟。二千多年來，皇帝權力為政治與文化系統的最後權力來源。士大夫是這個體制下的統治者，他們效忠皇帝，與皇帝共享統治權，但在此同時，他們也必須接受皇權的約束。整個中國，從朝廷到窮鄉僻壤的家族，都遵守儒教的規範，而皇帝正是儒教的捍衛者，官員的統治資格也是因為他們具有儒學的教養。皇帝制度力圖維持一個平均的小農社會，而以小農經濟為國家施政的標準。這套體制在明太祖朱元璋重新確立後，一直是明清的國家型態。由於西方勢力入侵引發中國內部的連鎖反應，這套舊中國的體制崩潰。

　　首先，清末以來，中國屢次敗於歐美與日本。中國的知識分子普遍認為英美的代議民主優於中國的皇帝專制。西元 1911 年，孫中山所領導的國民革命推翻了滿清政府，這不是從前的改朝換代，而是皇帝制度的結束，與民主政體的開端。但是當時中國的社會缺乏實施民主的條件，民初的國會制度與立憲運動都沒有成功。中國反而陷入長期軍閥混戰的局勢中。西元 1917 年俄國共產革命成功，許多知識分子轉而信仰共產主義可以救中國。中國共產黨長期在農村組織群眾，重建了皇帝制度崩潰後的國家與社會的聯繫。中共憑藉著這樣的社會基礎，西元 1949 年在大陸建立起共產政權。然而，民主政體的得以實現反而是在臺灣，其原因在於戰後臺灣拜工商業發展之賜，出現了「中產階級」。1980 年代後期，民主政體確立之後，民意基礎正式成為官僚權力的來源，而不是皇權與儒學的教養。

　　其次，二千多年來，士大夫所代表的價值規範（儒教）一直是中國文化主要內容，「學而優則仕」被認為是最理想的人生歷程。明清時期的

商人勢力雖然很大，可是在文化品味上，商人仍然必須仿效士人。清末以來，由於西方強勢文明的入侵，在中西的對照下，一貧弱，一富強，士大夫與儒教於是失去了其支配的正當性。相對的，商人才真正取得了身分的自尊，商人所代表的價值標準開始取代士人文化，這在光復後的臺灣社會更為明顯。人們不再以讀書當官為最高的人生目標，各種職業都獲得了它們應有的尊嚴。儒教不再具有強而有力的規範作用，近代中國社會需要一套新的價值觀。中國大陸曾一度採用馬列主義，但在 1980 年代以後已證明其錯誤。如何跳脫教條主義，建立開放與自由的新價值觀，是我們必須面對的課題。

最後，近代中國經濟面臨空前未有的危機。一方面，明清時期以來的農村勞動力過剩與貧窮問題亟待解決。另一方面，西方資本主義挾帝國主義的勢力入侵中國，帶來了中國經濟結構的變遷。近代以來，中國沿海的通商口岸急遽的工商業化，出現繁榮的景象。可是這種局部的繁榮反而加深了沿海地區與內陸的經濟鴻溝。中共利用內陸農民殷切期待土地改革的心情，以此為基礎，在西元 1949 年建立共產政權。中共政權成立之初，因為自耕農階級的獲得重建，經濟問題獲得改善。可是中共從 1950 年代後期開始推動「合作化」與「集體化」政策，為中國經濟帶來了相當大的災難。1970 年代後期，中共開始實施經濟改革，首要的方向是引進外資，將過剩的農業人口導入工商業部門。十多來年的經濟改革，中國大陸的經濟的確獲得了一線生機。可是經濟改革的成果是否可以為內陸農民所分享，仍然是中國必須面對的嚴肅課題。在臺灣方面，由於 1950 年代初期，土地改革的成功，一方面使多數農民的生活獲得改善，再一方面將累積在土地上的資本轉移到工商業部門，創造了工商業發展的良好基礎。從 1950 年代到 1970 年代，臺灣大力吸引外資，運用臺灣廉價而高素質的勞工，配合 1960 年代以後外銷的良好時機，創造了驚人的經濟成就，被喻為「經濟奇蹟」。傳統的小農社會在臺灣正式消失。但 1980 年代以後，臺灣面臨工業必須由勞力密集轉到資本與技術密集的型態，而社會上的勞資關係緊張、公害問題層出不窮，這些都有賴於我

們善用歷史智慧加以克服。

習　題

1. 近代中國的改革可以分作下面幾個階段，首先是技術層面，其次是政治制度，再來是文化價值觀念，請敘述其過程，並給予評價。

2. 試比較中共在大陸以及國民政府在臺灣的經濟改革成效，並討論成敗的關鍵。

3. 試分析為什麼辛亥革命之後，中國的民主政治始終無法建立。而臺灣的民主改革已獲得初步成效，其原因又何在。

建議參考書目

（括弧內為建議讀者參考之主題）

第一章

王爾敏，民七十一，〈「中國」名稱溯源及其近代詮釋〉，《中國近代思想史論》，臺北，華世出版社。

王明珂，民八十六，《華夏邊緣——歷史記憶與族群認同》，臺北，允晨文化公司。（「中國」的概念，所謂「外族」）

白川靜，民六十六，《甲骨文的世界》，臺北，聯經出版事業公司。（商朝的歷史）

李逆鏑，民八十二，〈尋找夏娃〉，《二十一世紀》，第三十一期。（從考古學與人類學的角度探討人類的起源問題）

李國祁等，民七十九，〈文明的起源與國家民族的搏成〉，《中國文明的精神》，臺北，廣電基金會。

杜正勝，民八十一，《古代社會與國家》，臺北，允晨文化公司。（國家的起源與上古時期聚落的演變）

邢義田，民七十六，〈天下一家——傳統中國天下觀的形成〉，《秦漢史論稿》，臺北，東大圖書公司。（「中國」一詞所蘊涵的文化觀念）

何炳棣，民五十八，《黃土與中國農業的起源》，香港，中文大學。（黃河流域最早的農業與聚落是出現在黃土區內的臺地與小山丘）

松丸道雄，民五十九，〈殷周國家の構造〉，《岩波講座・世界歷史・四》，東京，岩波書店。（商周時期的國家型態）

高明士，民七十三，《唐代東亞教育圈的形成——東亞世界形成史的一側面》，臺北，國立編譯館。（構成「中國文化圈」的諸要素，歷史上東亞世界的整體發展）

徐旭生，民四十九，《中國古史的傳說時代》，北京，科學出版社。（如何從現代史學的角度重新觀察中國古史的傳說，如黃帝、堯舜）

夏鼐，民七十四，《中國文明的起源》，北京，文物出版社。

許倬雲，民七十九，《中國古代文化的特質》，臺北，聯經出版事業公司。

許倬雲，民七十一，〈中國古代民族的溶合〉，《求古編》，臺北，聯經出版事業公司。（古代民族分布與地理區）

許倬雲，民七十三，《西周史》，臺北，聯經出版事業公司。（西周建立與華夏國家的形成）

張光直，民八十四，〈中國相互作用圈與文明的形成〉，《中國考古學論文集》，臺北，聯經出版事業公司。（根據考古資料分析新石器時代中國的主要文化圈）

張光直，民七十二，《中國青銅時代》，臺北，聯經出版事業公司。（夏商周文明的關係與古代國家的發展）

陳良佐，民七十一，〈擇地順時——農業的自然環境〉，《中國文化新論・經濟篇》，臺北，聯經出版事業公司。（新石器時代長江與黃河流域的農業發展問題）

陳夢家，民四十五，《殷墟卜辭綜述》，北京，科學出版社。（甲骨文介紹，商王的王權性質轉變）

葉達雄，民六十九，〈𣄼尊的啟示〉，《臺灣大學歷史學系學報》，七。

Keesing 著；張恭啟、于嘉雲譯，民七十八，《文化人類學》（*Cultural Anthropology*），臺北，巨流圖書公司。（文化與文明的定義）

第二章

白川靜，民七十八，《金文的世界》，臺北，聯經出版事業公司。（周禮的形成）

西嶋定生著；高明士譯，民八十二，〈關於中國古代社會結構特質的問題所在〉，《日本學者研究中國史論著選譯》，北京，中華書局。

西嶋定生，民六十八，〈中國古代統一國家的特質——皇帝統治之出現〉（中譯），（杜正勝編）《中國上古史論文選集》，臺北，華世出版社。（皇帝制度

的形成）

西嶋定生，民七十，《中國古代の社會と經濟》，東京，東京大學出版會。（春秋戰國的社會經濟變動）

杜正勝，民七十九，《編戶齊民：傳統政治社會結構之形成》，臺北，聯經出版事業公司。（從軍制、地方行政系統、土地制度、聚落、法律體系、身分制度等的角度，探討從春秋戰國到秦漢的政治社會變遷）

杜正勝，民六十八，《周代城邦》，臺北，聯經出版事業公司。（「周封建」的過程）

余英時，民六十九，〈古代知識階層的興起與發展〉，《中國知識階層史論》，臺北，聯經出版事業公司。（中國歷史上的突破期，士階層的興起及其所造成的文化特色）

周瑗，民六十五，〈矩伯、裘衛兩家族的消長與周禮的崩壞〉，《文物》，1976 年第六期。（西周的衰亡）

徐復觀，民五十八，〈周初宗教中人文精神的躍動〉，《中國人性論史・先秦篇》，臺北，臺灣商務印書館。（周禮形成的過程）

許倬雲，民七十一，〈春秋戰國間的社會變動〉，《求古編》，臺北，聯經出版事業公司。（以量化的方法說明春秋戰國期間社會階層的升降）

許倬雲，民七十一，〈周東遷始末〉，《求古編》，臺北，聯經出版事業公司。（西周的衰亡與東周王室的衰弱）

許倬雲，民七十一，〈兩周農作技術〉，《求古編》，臺北，聯經出版事業公司。（先秦的農作技術與「精耕細作」的形成）

傅斯年，民四十一，〈詩經講義稿〉，《傅孟真先生集》，臺北，臺灣大學。（周初的天命與德）

黃俊傑，民七十二，〈儒學傳統中的道德政治觀念的形成與發展〉，《儒學傳統與文化創新》，臺北，東大圖書公司。

葉達雄，民七十一，《西周政治史研究》，臺北，明文書局。

增淵龍夫，民五十九，〈春秋戰國時代の社會と國家〉，《岩波講座・世界歷史》，東京，岩波書店（中譯：〈春秋戰國時代的社會與國家〉），杜正勝編，《中

國上古史論文選集》，臺北，華世出版社。）（各國君主地位的變化）

蕭公權，民七十一，《中國政治思想史》，臺北，聯經出版事業公司。（先秦的
　　諸子百家）

第三章

川勝義雄，民七十一，《六朝貴族制社會の研究》，東京，岩波書店。（士族相
　　關問題研究）

毛漢光，民七十七，《中國中古社會史論》，臺北，聯經出版事業公司。（中古
　　士族社會的形成與發展）

毛漢光，民七十九，《中國中古政治史論》，臺北，聯經出版事業公司。（中古
　　時期統治集團的演變，如「關隴集團」，以及唐末五代的「河北集團」）

王壽南，民五十五，《唐代藩鎮與中央關係之研究》，臺北，嘉新水泥公司文
　　化基金會。

日野開三郎，民六十九，《唐代藩鎮の支配體制》，東京，三一書房。（藩鎮體
　　制及其社會基礎）

甘懷真，民七十九，〈政治理想與政治制度・官治與自治〉，《中國文明的精神》，
　　臺北，廣電基金會。（郡縣制度與鄉里社會的發展概說）

甘懷真，民七十九，〈中國中古士族與國家的關係〉，《新史學》，二～三。（皇
　　帝制度如何在中古時期繼續發展）

甘懷真，民九十二，《皇權、禮儀與經典詮釋：中國古代政治史研究》，臺北，
　　喜瑪拉雅基金會。

西嶋定生，民七十二，〈皇帝支配の成立〉，《中國古代國家と東アジア世界》，
　　東京，東京大學出版會。（皇帝制度的相關問題）

谷川道雄，民六十，《隋唐帝國形成史論》，東京，筑摩書房。（胡族政權的發
　　展，及如何與漢人勢力融合，最後締結成「隋唐帝國」）

谷川道雄，民六十五，《中國中世社會と共同体》，東京，國書刊行會。

余英時，民七十六，〈漢代循吏與文化傳播〉，《中國思想傳統的現代詮釋》。
　　（漢代的循吏政治與教化問題）

李東華，民七十一，〈梯山航海〉，《中國文化新論・民生的開拓》，臺北，聯經出版事業公司。(唐朝的海外貿易)

松井秀一，民五十九，〈唐末の民眾叛亂と五代の形勢〉，《岩波講座・世界歷史・六》，東京，岩波書店。(唐末的叛變)

唐長孺，民四十五，〈均田制的產生及其破壞〉，《歷史研究》，1956：2。

唐長孺，民四十八，〈門閥的形成和衰落〉，《武漢大學人文科學學報》，1959 年期。(漢唐間士族的演變)

唐長孺，民四十八，〈南朝寒人的興起〉，《魏晉南北朝史論叢續編》，北京，生活讀書新知三聯書店。(南朝的社會階層升降)

宮崎市定，民六十三，《九品官人法の研究》，東京，同朋舍。

許倬雲，民七十一，〈西漢政權與社會勢力的交互作用〉，《求古編》，臺北，聯經出版事業公司。(西漢時期士大夫的崛起與西漢政權性質的轉變)

堀敏一，民七十五，《均田制研究》(中譯)，臺北，弘文館。

陳明光，民八十，《唐代財政史新編》，北京，中國財政經濟出版社。(兩稅法)

高明士，民七十二，〈從天下秩序看古代的中韓關係〉，《中韓關係史論文集》。(秦漢至隋唐之間的東亞世界)

逯耀東，民八十九，《從平城到洛陽：拓跋魏文化轉變的歷程》，臺北，東大圖書公司。(北魏胡族統治集團的漢化歷程)

萬繩楠整理，民八十四，《陳寅恪魏晉南北朝史演講錄》，臺北，雲龍出版社。(從族群、階級與統治集團演變的角度，觀察這個時期的歷史架構)

鄭欽仁，民七十一，〈九品官人法──六朝的選舉制度〉，《中國文化新論・立國的宏規》，臺北，聯經出版事業公司。

濱口重國，民六十，〈所謂・隋の鄉官廢止について〉，《秦漢隋唐史の研究》，東京，東京大學出版會。(隋廢鄉官)

韓復智，民六十九，《漢史論集》，臺北，文史哲出版社。(漢代的選舉制度)

嚴耕望，民七十九，《中國地方行政制度史》(上、下冊)，臺北，中央研究院。(秦漢魏晉南北朝的地方行政制度與官制)

嚴耕望，民八十，〈唐人習業山林寺院之風尚〉，《嚴耕望史學論文選集》，臺

北，聯經出版事業公司。

第四章

夫馬進，民六十九，〈明末反地方官士變〉，《東方學報》，五十二。（明末地方
　士大夫與地方行政的關係）

田村實造，民五十三，《中國征服王朝の研究》，京都，東研史研究會。（遼、
　金、元的政治制度）

加藤繁，民七十，〈宋代都市的發展〉，《中國經濟史考證・上》（中譯），臺北，
　華世出版社。

西嶋定生，民七十二，〈東アジア世界の形成〉，《中國古代國家と東アジア世
　界》，東京，東京大學出版會。（中譯：高明士，〈東亞世界的形成〉，《日本
　學者研究中國史論著選譯》，北京，中華書局。）（東亞世界的變遷）

西嶋定生，民五十五，《中國經濟史研究》，東京，東京大學出版會。（十六、
　十七世紀的棉紡織業）

全漢昇，民六十一，〈元代的紙幣〉，《中國經濟史論叢》，香港，新亞研究所。

全漢昇，民六十一，〈明清間美洲白銀的輸入中國〉，《中國經濟史論叢》，香
　港，新亞研究所。

余英時，民七十六，《中國近世宗教倫理與商人精神》，臺北，聯經出版事業
　公司。（明清時期商人階級的興起）

吳承明，民七十五，《中國資本主義與國內市場》，北京，中國社會科學出版
　社。（十六世紀之後，全國性市場的出現）

Ping-ti Ho（何炳棣），1962, *The Ladder of Success in Imperial China*. New York:
　Columbia University Press.（明朝進士與商人家庭的關係）

吳密察，民八十二，〈日治時代臺灣史研究之回顧與展望・殖民地政策〉，《臺
　灣史田野研究通訊》，二十六。（日本統治臺灣的政策）

李伯重，民七十九，《唐代江南農業的發展》，北京，農業出版社。

邱澎生，民七十九，《十八、十九世紀蘇州城的新興工商業團體》，臺北，臺
　灣大學出版會。（清代蘇州的繁榮與工商業團體的新發展）

林滿紅，民六十七，《茶、糖、樟腦與晚清臺灣》，臺北，臺灣銀行。（晚清臺灣的對外貿易）

重田德，民六十四，《明清社會經濟史研究》，東京，岩波書店。（明清時期的鄉紳）

徐泓，民七十一，〈明洪武年間的人口移徙〉，《歷史與中國社會變遷研討會論文集》，臺北，中央研究院三民主義研究所。（明初的徙民政策）

梁其姿，民七十五，〈明末清初民間慈善活動的興起〉，《食貨復刊》，十五～七、八。

曹永和，民六十八，《臺灣早期歷史研究》，臺北，聯經出版事業公司。

張光直，民八十四，〈中國東南海岸的「富裕的食物採集文化」〉，《中國考古學論文集》，臺北，聯經出版事業公司。（臺灣的考古遺址，尤其是舊石器時代）

張光直，民八十四，〈新石器時代的臺灣海峽〉，《中國考古學論文集》，臺北，聯經出版事業公司。（介紹新石器時代臺灣的考古發現）

張光直，民八十四，〈中國東南海岸考古與南島民族起源問題〉，《中國考古學論文集》，臺北，聯經出版事業公司。（以考古資料說明臺灣原住民文化史）

K. C. Chang（張光直），1970, "Prehistoric archaeology of Taiwan," *Asian Perspectives*, 13.（臺灣的考古）

梁庚堯，民七十一，〈披荊斬棘〉，《中國文化新論》，臺北，聯經出版事業公司。（江南的開發）

梁庚堯，民七十三，《南宋的農村經濟》，臺北，聯經出版事業公司。

黃富三，民六十九，〈劉銘傳與臺灣的現代化〉，黃富三、曹永和編，《臺灣史論叢》，第一輯，臺北，眾文圖書公司。

黃仁宇，民七十八，〈明代史和其他因素給我們的新認識〉，《放寬歷史的視界》，臺北，允晨文化公司。（以西方資本主義發展的經驗，探討明代政治經濟的困境）

傅衣凌，民六十八，〈明清時代階級關係的新探索〉，《中國史研究》，1979：4。（民變）

楊聯陞，民七十二，〈明代地方行政〉，《國史探微》，臺北，聯經出版事業公司。

趙岡，民七十五，《中國經濟制度史》，臺北，聯經出版事業公司。（宋以後的市場與商品經濟）

趙岡，民八十四，《中國城市發展論》，臺北，聯經出版事業公司。（江南市鎮的興起）

劉石吉，民七十六，《明清時代江南市鎮研究》，北京，中國社會科學出版社。

劉子健，民七十六，〈劉宰和賑饑〉，《兩宋史研究彙編》，臺北，聯經出版事業公司。（南宋鄉紳與地方社會的關係）

劉子健，民七十六，〈包容政治的特點〉，《兩宋史研究彙編》，臺北，聯經出版事業公司。（宋代的政治體制）

戴國輝，民七十八，《臺灣總體相——人間·歷史·心性》，臺北，遠流出版事業公司。（臺灣史的入門概說）

戴炎輝，民六十九，《清代臺灣之鄉治》。臺北，聯經出版事業公司。

護雅夫，民五十九，〈內陸アジア世界の展開·總說〉，《岩波講座·世界歷史·九》，東京，岩波書店。（遼金元史總論）

施堅雅 (G. W. Skinner) 著；王旭等譯，民八十，《中國封建社會晚期城市研究》，吉林，吉林教育出版社。（十九世紀中國的城市發展）

第五章

甘懷真，民八十四，〈中國中古時期「國家」的型態〉，《東吳歷史學報》，一。（皇權的性質）

余英時，民六十五，〈「君尊臣卑」下的君權與相權〉，《歷史與思想》，臺北，聯經出版事業公司。（皇權的性質）

邢義田，民七十六，《中國皇帝制度的建立與發展》，臺北，東大圖書公司。

胡如雷，民六十八，《中國封建社會形態研究》，北京，生活讀書新知三聯書店。（傳統中國的經濟制度）

徐復觀，民七十四，〈封建政治社會的崩潰及典型專制政治的成立〉，《兩漢思

　　想史・卷一》，臺北，臺灣學生書局。(皇帝制度為何被定義為專制)

許倬雲，民七十一，〈傳統中國社會經濟史的若干特性〉，《求古編》，臺北，
　　聯經出版事業公司。

高明士，民七十五，《戰後日本的中國史研究》，臺北，明文書局。(對停滯論
　　的反省)

高明士，民七十七，〈政治與法制〉，《中國文明發展史》，臺北，空中大學。
　　(皇帝制度的諸要素)

高明士，民七十八，〈論中國傳統教育與治統的關係〉，《多賀秋五郎博士喜壽
　　紀念論文集・アジアの教育と文化》，東京，巖南堂書店。(傳統中國教化
　　觀念的演變)

高明士，民七十九，〈政治理想與政治制度・治國平天下〉，《中國文明的精神》，
　　臺北，廣電基金會。(皇帝制度概說)

張君勱，民七十五，《中國專制君主政治之評議》，臺北，弘文館。(皇帝制度
　　是一種專制)

黃宗智，民七十六，《華北小農經濟與社會變遷》，臺北，谷風出版社。

黃宗智，民八十三，《中國研究的規範認識危機》，香港，牛津大學出版社。
　　(反省近代中國經濟困境的學術解釋)

黃宗智，民八十三，《長江三角洲小農家庭與鄉村發展 1350～1988》，香港，
　　牛津大學出版社。

黃仁宇，民七十五，《萬曆十五年》，臺北，食貨出版社。(皇權運作的實例)

黃仁宇，民八十，《資本主義與二十一世紀》，臺北，聯經出版事業公司。(檢
　　討近代中國經濟落後的原因)

傅築夫，民六十九，《中國經濟史論叢》，北京，生活讀書新知三聯書店。(傳
　　統中國的抑商政策)

楊聯陞，民七十二，〈國史諸朝興衰芻論〉，《國史探微》，臺北，聯經出版事
　　業公司。

錢穆，民七十，《中國歷代政治得失》，臺北，東大圖書公司。(反駁皇帝制度
　　是一種專制體制，認為它具有相當的合理性)

錢穆，民七十，《國史大綱》，臺北，臺灣商務印書館。(〈引論〉部分，討論傳統政治的合理性)

蕭公權，民七十二，〈中國君主政體的實質〉，《憲政與民主》，臺北，聯經出版事業公司。(皇帝制度是一種專制)

蕭啟慶，民六十一，〈北亞遊牧民族南侵各種原因的檢討〉，《食貨》復刊，一～十二。

Paul A. Cohen 著；李榮泰等譯，民八十，《美國的中國近代史研究：回顧與前瞻》，臺北，聯經出版事業公司。(反省停滯論的相關問題)

D. H. Perkins, 1969, *Agricultural Development in China, 1328–1978*. Chicago: Aldine Publishing Company. (南宋之後農業技術的停滯)

第六章

王振寰，民七十八，〈臺灣政治轉型與反對運動〉，《臺灣社會研究季刊》，2：1 (1989 春季號)。

吳承明等編，民七十六，《中國資本主義發展史·卷一·中國資本主義的萌芽》，臺北，谷風出版社。

宋光宇編，民八十二，《臺灣經驗·歷史經濟篇》，臺北，東大圖書公司。(臺灣的經濟發展)

余英時，〈中國近代思想史上的激進與保守〉，《猶記風吹水上鱗》，臺北，三民書局。(近代的改革運動及其思想史的脈絡)

林毓生，〈五四式反傳統思想與中國意識的危機〉，《思想與人物》，臺北，聯經出版事業公司。(新文化運動)

郭廷以，民八十三，《近代中國史綱》，臺北，曉園出版社。

陳志讓，民七十五，《軍紳政權：近代中國的軍閥時期》，臺北，谷風出版社。

張玉法，民八十二，《辛亥革命史論》，臺北，三民書局。

黃俊傑，民七十九，〈中國農業傳統及其內涵：問題與解釋〉，《中國文明的精神》，臺北，廣電基金會。(臺灣農業現代化及其意義)

黃俊傑，民八十二，〈光復後臺灣的農業農村與農民：回顧與展望〉，《臺灣地

區社會變遷與文化發展》，臺北，聯經出版事業公司。

黃仁宇，民八十四，〈中國近代史的出路〉，《近代中國的出路》，臺北，聯經
　　出版事業公司。(近代中國的政經困境)

劉翠溶，民八十一，《明清時期家族人口與社會經濟變遷》，臺北，中央研究
　　院經濟研究所。

劉廣京，民七十九，《經世思想與新興企業》，臺北，聯經出版事業公司。(新
　　式工商業的發展)

馬克‧薛爾頓 (Mark Selden)，民八十，《中國社會主義的政治經濟學》，臺北，
　　《臺灣社會研究叢刊》。(中共的經濟改革)

J. D. Spence（史景遷）, 1990, *The Search for Modern China*, New York: W. W.
　　Norton & Company.（清末的改革與民國的政局）

Denis Twitchett 等主編；張玉法主譯，民七十六，《劍橋中國史‧晚清篇 (1800–
　　1911)》臺北，南天出版社。

文明叢書 16

生津解渴——中國茶葉的全球化

陳慈玉／著

大家知道嗎?原來喝茶習慣是源於中國的,待茶葉行銷全球後,各地逐漸衍生出各式各樣的飲茶文化,尤其以英國的紅茶文化為代表,使得喝茶成為了一種生活風尚,飄溢著布爾喬亞氣息,並伴隨茶葉貿易的發展,整個世界局勢為之牽動。「茶」與人民生活型態、世界歷史的發展如此相互牽連,讓我們品茗好茶的同時,也一同進入這「茶」的歷史吧!

文明叢書 17

林布蘭特與聖經
——荷蘭黃金時代藝術與宗教的對話

花亦芬／著

在十七世紀宗教改革的激烈浪潮中,林布蘭特將他的生命歷程與藝術想望幻化成一幅又一幅的畫作,如果您仔細傾聽,甚至可以聽到它們低語呢喃的聲音,就讓我們隨著林布蘭特的步伐,一起聆聽藝術與宗教的對話吧!